Uwe Hofele

Kunst mit Kids

Spannende Techniken zum
kreativen Gestalten mit Kindern

Die „Künstler"

Uwe Hofele

Kunst mit Kids

**Spannende Techniken zum
kreativen Gestalten mit Kindern**

verlag modernes lernen - Dortmund

Wichtiger Sicherheitshinweis: *Alle hier vorgeschlagenen Übungen und Spielideen wurden von Autor und Verlag sorgfältig erwogen und geprüft. Dennoch erfolgt ihre Durchführung auf eigene Gefahr und entbindet die/den Übungsleiter/in nicht von der Beachtung individueller Gefahrenmomente und der Planung entsprechender Sicherungsmaßnahmen.*

Eine Haftung des Autors bzw. des Verlages und seiner Beauftragten ist ausgeschlossen.

© 1998 verlag modernes lernen, Borgmann KG, D - 44139 Dortmund

3. Aufl. 2002

Herstellung: Löer Druck GmbH, 44139 Dortmund

 Bestell-Nr. 1220   ISBN 3-8080-0433-9

Inhalt

Vorwort

1994 übernahm ich, nach langer Oberstufentätigkeit, eine neue Klasse mit Schulanfängern. Es handelte sich um 4 Jungen und 2 Mädchen mit besonderem Förderbedarf. Im 2. Schuljahr wechselten wir an eine Grundschule, um Teile des Unterrichtes in Kooperation zu versuchen. Es kamen noch 2 Jungen und eine Kollegin dazu.

Von Anfang an nahm ich mir vor, einen Nachmittag in der Woche das Fach „Gestalten" als eine Art „Kunst- AG" anzubieten.
Zum einen sollten die Kinder überwiegend in diesem Zeitraum Gelegenheiten bekommen, sich mit den verschiedensten Gegenständen auseinanderzusetzen und diese mit möglichst vielen Sinnen erfahren.

Weiterhin sollten diese Einheiten mithelfen, die Feinmotorik der Kinder (auch als Unterstützung eines Lese- und Schreibunterrichtes) zu verbessern.
Obwohl ich zu Beginn der Stunde die jeweilige Technik demonstrierte, ließen wir bei der Ausführung durch die Schüler und Schülerinnen jederzeit auch eigene Abwandlungen zu. Schließlich leben diese Unterrichtseinheiten ganz besonders von der Motivation und der Freude am Tun. Nur so sind die Kinder bereit, kreativ, phantasievoll und unverkrampft meist abstrakte Farbkombinationen aufs Papier zu bringen.
Diese Bereitschaft zum Experimentieren wurde von mir weitestgehend bis zu einer gewissen Grenze toleriert. Kritisch sah ich z.B. das Bemalen der Fensterscheiben mit wasserfesten Filzstiften, das Bedrucken der Schreibtische mit Stempelfarbe oder das Bemalen der Wandtafel mit Wachsmalstiften u. ä., was bei den Kindern regelmäßig absolutes Unverständnis hervorrief.

Die Schüler und Schülerinnen reagierten auf die Vorgabe einer bestimmten Technik unterschiedlich. Grundsätzlich neigten aber kognitiv stärkere Kinder dazu, das ihnen meist unbekannte Material stärker zu gestalterischen Tätigkeiten zu verwenden als die eher schwächeren Schüler. Die Aussicht, z.B. farbige Tinte mittels einer Wasserspritzpistole auf ein Papier zu spritzen, rief bei einer Schülergruppe hellste Begeisterung hervor, während andere Kinder das Material zunächst weit von sich warfen.
In diesen Situationen ist dann der Pädagoge besonders gefordert, um auch solche Möglichkeiten schwächeren Schülern z.B. durch Handführung, technische Hilfsmittel oder Vormachen zugänglich zu machen.
Um einzelnen Schülern und Schülerinnen Hilfen anbieten zu können,

war die Unterstützung meiner UnterrichtshelferInnen wirklich Gold wert. Weiterhin war es mir sehr wichtig, vor allem den nichtsprechenden Schülern Chancen zu eröffnen um sich bildnerisch auszudrücken, da dies den Kindern oft leichter fällt als das Sprechen.

Voraussetzung für einen sinnvollen Unterricht in diesem Bereich ist allerdings, genügend Zeit und Ruhe, nicht nur zum Malen, sondern auch zur Vorbereitung, zum Aufräumen, zum Umziehen, zum Waschen und zum Betrachten der Werke einzuplanen. Oft genug mußte ich erleben, daß gerade die Einbindung in einen zeitlichen Rahmen von den Schülern und Schülerinnen als so störend empfunden wurde, daß sie sogar zu Aggressionen neigten, wenn die Stunde abgebrochen werden mußte.

Ein weiteres Ziel meiner „Kunst-AG" war das Einüben von Fertigkeiten und Fähigkeiten im Umgang mit den teilweise zweckentfremdeten Gegenständen. Dies bezog sich z.b. auf das Drehen eines Kreisels, das Stempeln mit ungewöhnlichen Druckstöcken, die sachgemäße Handhabung von Haushaltsgegenständen u.v.m.

Was ist nun eigentlich Kunst und können Kinder, insbesondere solche mit besonderem Förderbedarf, überhaupt Kunst schaffen?

Kunst ist für mich, um es einmal vorweg zu nehmen, zweifellos immer alles, was meine Schüler und Schülerinnen im freien Umgang mit Farben und Formen zu Papier bringen.

Schon Joseph Beuys sagte einmal: „Kunst sind alle Äußerungen und Tätigkeiten des menschlichen Lebens."

Zur Kunsterziehung (Kunstpädagogik) gehört natürlich nicht nur das Malen, sondern auch das Betrachten von Bildern anderer Künstler und deren Stilrichtungen. Die Kinder sind durchaus in der Lage Techniken anzunehmen und in eigenen Kompositionen umzusetzen. So wandelten wir ab und zu völlig unbefangen auf den Spuren Piet Mondrians, Paul Signacs oder Richard Paul Lohses.

Es ist für mich immer wieder erstaunlich, welche produktiven Kräfte in diesen jungen Menschen am Werke sind, wenn ich nach Vorgabe einer neuen Technik den Kindern das Feld überlasse. Natürlich ist allgemein bekannt, daß das Malen von Bildern als ein Selbstausdruck von Individuen viel über den Maler selbst aussagt.

Das heißt, wir können über die Bilder auch viel über den Künstler in Erfahrung bringen.

„In dieser Arbeit werden wir lernen, uns wieder zu freuen an dem Persönlichkeitswert menschlicher Einzelleistungen gegenüber der Massenempfindung der sogenannten Kunstindustrie." Diese Worte schrieb K.A.

Kröger schon vor ca. 75 Jahren in seinem Büchlein: „Was soll ich ausschneiden?".

Bewußt beginnt dieses Buch mit der uralten, aber immer noch sehr reizvollen Technik des Schneidens von Zierbildern, welches ich aus dem o.g. Buch entliehen habe.

Meine Schüler und Schülerinnen bekommen auch immer wieder außerhalb der Unterrichtseinheit „Gestalten" offene Angebote, um auch die Entwicklung eines eigenen persönlichen bildnerischen Ausdrucks zu fördern. Schon Goethe sagte: „Höchstes Glück der Erdenkinder ist doch die Persönlichkeit."

Oft nützten wir den Morgenkreis am kommenden Tag um die inzwischen getrockneten und gebügelten Kunstwerke als eigene Arbeit zu erkennen und gemeinsam zu reflektieren.

Jeder meiner Schüler und Schülerinnen besitzt eine Kunstmappe zur Aufbewahrung seiner Werke. Diese Mappe wird oft aus dem persönlichen Fach geholt, um darin zu blättern oder um sie mit nach Hause zu nehmen.

Mit dem Abschluß dieses Buches ist unser Kunst-Unterricht keineswegs abgeschlossen. Vielmehr begannen wir zusammen mit den Grundschülern in Kooperation eine gemeinsame Stunde durchzuführen.

Die Sichtung des Manuskriptes durch verschiedene Grund- und Hauptschullehrer bestätigte meine Überzeugung, daß die im folgenden beschriebenen Techniken durchaus, evtl. modiviziert, auf Grundschüler gut übertragbar sind.

Der Einfachheit halber werden Schülerinnen im folgenden Text mit „Schüler" bezeichnet.

Ich wünsche Ihnen nun viel Freude beim Lesen des Buches und beim Betrachten der Fotos, sowie viele neue Anregungen für Ihre eigene Arbeit.

Am Haldenberg 9, 74564 Crailsheim   *Uwe Hofele*

Wie das Zierbild entsteht

1. Grundform ausschneiden.

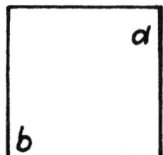 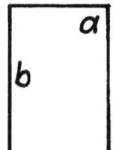 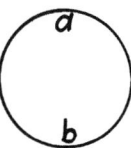

2. Grundform mehrfach falten.

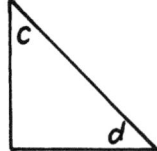 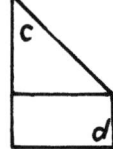 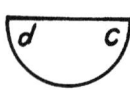

3. An den geschlossenen Rändern Ausschnitte machen. Dann auseinanderfalten

Spritzpistolenbilder

Material: Wasserspritzpistolen, versch. farbige Tinte, Arztspritze, Papier DIN A 3.

Ich rate Ihnen dringend, diese Technik nur mit Malkittel und im Freien durchzuführen.

Das Papier wird mit 4 Reißnägeln auf einem passenden Brett befestigt. Aus Dachlatten fertigte ich mir eine einfache Staffelei, worauf das besagte Brett gestellt werden kann. Die Stützlatte wird einfach hinten angeklemmt.

Diese Staffelei eignet sich übrigens auch gut, um große Bilderbücher zu zeigen.

Die verschieden farbigen Spritzpistolen werden mit Hilfe einer Arztspritze mit der gleichen Tintenfarbe „geladen". Wir haben die Tinte etwas mit Wasser verdünnt.

Das Kind wählt nun eine Tintenpistole aus und versucht, aus ca. zwei Meter Entfernung das Papier zu treffen.

Da der Aufforderungscharakter dieser Technik sehr groß ist, üben die Kinder spielerisch ihre Feinmotorik und die Auge-Handkoordination. Außerdem werden Farben differenziert und sind Entfernungen einzuschätzen. Das Ganze macht natürlich auch einen Riesenspaß.

Vergessen Sie nicht, daß alle Beteiligten möglichst schnell ihre Hände waschen.

Kreppapierstempel

Material: Pappröhren von Toilettenpapier- oder Haushaltsrollen, versch. farb. Kreppapier, Wasserschale, Papier.

Kreppapier färbt stark ab, wenn es mit Wasser in Berührung kommt. Das ist einerseits zwar recht peinlich, wenn man z.B. ein Geschenk damit einwickelt und kurz vorher noch in den Regen kommt. Andererseits können wir diesen Effekt gut zum Drucken verwenden.

Kreppapier wird in ca. 10 cm lange Streifen geschnitten und so dick um eine Pappröhre gewickelt, daß ca. 5 cm überstehen.
Dieser Überstand wird nun nach innen in die Röhre gedrückt, und fertig ist ein Stempel, der bunte Kreise druckt, wenn man ihn vorher kurz in Wasser taucht.

Ist die Farbintensität nicht mehr zufriedenstellend, wird das Kreppapier einfach etwas vorgeschoben und wieder nach innen gedrückt.
Meine Schüler (ca. 7 Jahre alt) wählten die Farben aus und druckten weitgehend selbständig. Vor allem die Kreisform sollten die Kinder bei dieser gestalterischen Arbeit verinnerlichen.

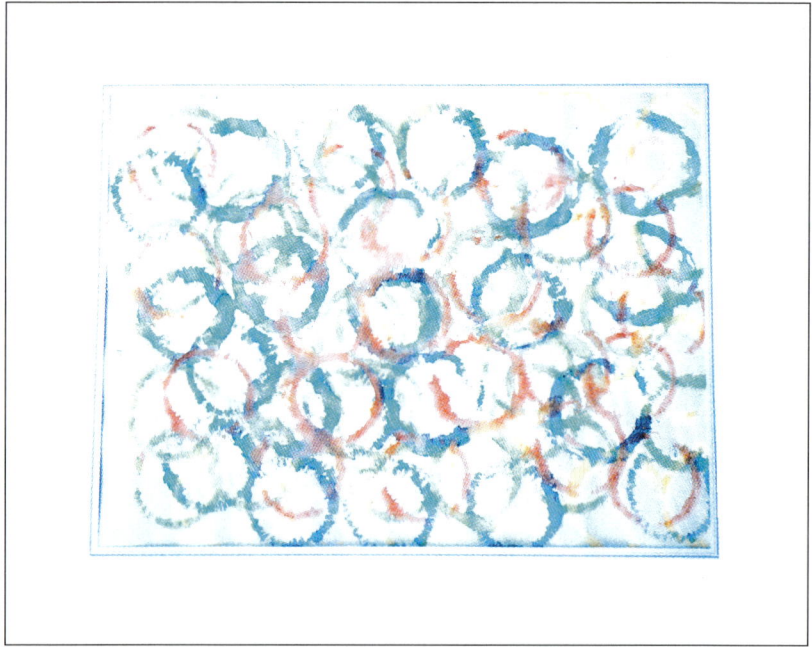

Tennisballspuren

Material: Tennisball, (große) Wasserfarben, Schachtel, Papier, Borstenpinsel 20er.

Zunächst benötigen Sie eine Schachtel, auf dessen Boden ein DIN A 3
Papier möglichst genau passen sollte. Wir verwendeten eine Kunst-
stoffaltkiste.
Ein ausgedienter Tennisball wird kurz in Wasser getaucht. Die Kinder
können nun den Ball mit einer Wasserfarbe anmalen. Dabei genügt es,
wenn einzelne Stellen des Balls dick mit Farbe getränkt werden.
Nun wird der Ball in die Schachtel auf das Papier gelegt. Durch hin und
her Bewegen der Schachtel ergeben sich farbige Spuren.
Der Ball wird dann unter Wasser abgewaschen und erneut mit einer
anderen Farbe bemalt. Dieser Vorgang kann mehrmals wiederholt werden.

Variante I: Wenn Sie den Tennisball innen beschweren, (z.B. können
Sie ein Loch bohren und mit einer Spritze Wasser einfüllen. Das
Loch wird dann mit Kerzenwachs verschlossen) werden die Spuren
dicker und farblich intensiver.

Variante II: Sehr schöne Bilder ergeben sich auch, wenn Sie einen
Tischtennisball verwenden.

Nostalgiefotos

Vielleicht befindet sich auch in Ihrem Besitz noch eine AGFA-Fotobox aus Großelterns Zeiten. Wie wäre es, wenn Sie das gute alte Stück aus seiner verstaubten Ecke herausholen würden, um damit wunderschöne, etwas unscharfe Fotos mit den Kindern zu machen. Sie befänden sich damit übrigens zur Zeit in bester Gesellschaft mit anderen Fotokünstlern. Natürlich legen Sie traditionell einen matten schwarz/weiß-Film in das Gerät ein. In der Regel sind 8 Bilder auf einem Film. Einstellen können Sie an diesem Gerät so gut wie nichts. Lediglich eine Blende in Form eines Schiebers mit einem kleinen Loch (für sonnig) und einem größeren Loch (für bewölkt) muß zum Wetter passend eingestellt werden. Am besten probiert man dies ohne Film aus, indem Sie das Gerät auf Dauerbelichtung stellen, vorne in das Objektiv hinein schauen und den Schieber betätigen. In der Regel ist es so, daß die Blende bei ganz eingeschobenem Schieber auf „bewölkt" eingestellt ist. Zieht man den Schieber so weit heraus, bis ein kleines Loch erscheint, ist der Apparat auf „sonnig" eingestellt.

Der Fotograf schaut von oben in den Sucher. Dabei ist es ein großer Vorteil, daß der Erwachsene mitschauen kann.

Auf dem Flohmarkt würde ich nicht mehr als max. 40,- DM für diesen Fotoapparat bezahlen.

Wir wählten Motive aus, welche zur Blütezeit dieser Kamera aufgenommen sein könnten. Z.B. Holzstoß, Bäume, Kühe, Stallfenster, Bauerngärten u.s.w.

Steindruck

Material: Tonwabenstein 24 x 11, 5 x 5 cm, Papier, Plakafarbe, Borstenpinsel.

Bruchstücke von Wabensteinen aus Ton finden Sie sicher kostenlos in
jeder Baustoffhandlung oder auf Baustellen. Glätten Sie die Oberfläche
mit einer Drahtbürste, damit die Seiten später satt auf dem Papier
aufliegen.
Da die Steine sehr stabil auf dem Tisch stehen bleiben, fällt es auch
motorisch schwächeren Kindern leicht, damit zu arbeiten.
Nachdem der Stein etwas gewässert wurde, kann die Lochseite mit
einer Plakafarbe bemalt werden. Wir haben die Farbe etwas mit Wasser verdünnt. Ist der Stein gut eingestrichen, wird er mit der Farbseite
auf das Papier gedrückt. Evtl. müssen Sie dem Kind dabei etwas zur
Hand gehen. Wenn nun der Stein senkrecht abgehoben wird, müßte
ein schönes Gittermuster zum Vorschein kommen.
Nachdem der Stein am Waschbecken abgewaschen wurde, kann er mit
einer anderen Farbe neu bemalt werden.
Die Kinder können nach eigener Phantasie nebeneinander, übereinander oder mit verschiedenen Steinen drucken.

Walzenbilder

Erst vor ca. 40 Jahren hielt die Tapete als Raumverkleidung auch Einzug in die Wohnungen der „einfachen" Leute. Obwohl die Tapete schon seit Anfang des 18. Jahrhunderts (urspr. aus Webstoffen) verwendet wurde, war sie für die breite Masse erst viel später erschwinglich.
Viel preiswerter war es, das Muster mit Hilfe einer Strukturwalze an die Wand zu rollen.
Die eigentliche Kunst bestand darin, exakt an das Muster anzusetzen, wenn mangels Farbe abgesetzt werden mußte. Die Farbe wurde einfach auf eine Schwammrolle, die hinter der Strukturrolle lief, aufgetragen. Beim Walzen drückt die Strukturrolle auf die Schwammrolle und wird so ständig mit Farbe benetzt.

Diese Rollen gibt es noch immer. Evtl. wissen ältere Bekannte oder Verwandte noch, wer solche Arbeiten damals ausführte oder Sie fragen einmal in einem Farbenfachgeschäft nach. Ich fand meine Walze auf dem Flohmarkt.
Die Kinder rührten die Farbe an (evtl. Fingerfarbe mit Wasser verdünnt) und trugen diese mit einem Pinsel auf die Schwammrolle auf. Wir fuhren nun mit der Rolle einige Male auf einer Zeitung hin und her, damit

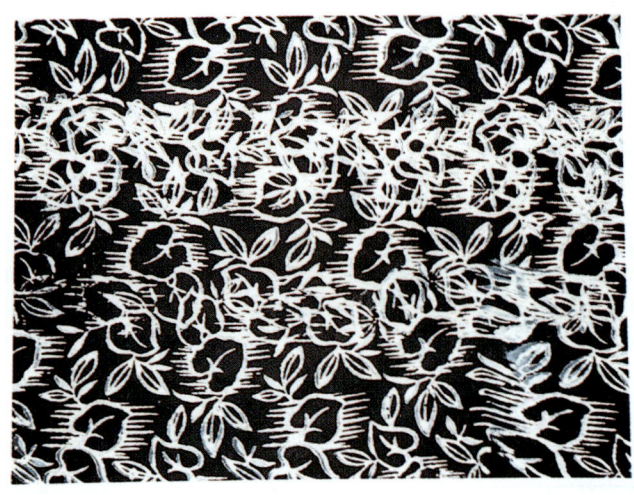

die Walze gleichmäßig mit der Farbe eingestrichen wurde. Danach wurde die Rolle hochkant gehalten und fest aufgedrückt über schwarzes Tonpapier geführt.

Es war für die Kinder einfach faszinierend, durch einfachste Handhabung ein schönes Muster eigenhändig auf das Papier zu bringen. Diese Technik ist auch gut für schwerbehinderte Kinder (evtl. mit Handführung) geeignet.

Mit dieser Technik läßt sich auch originelles Geschenkpapier herstellen.

Kieselsteinbilder

Material: 4 Kunststoffbecher, ca. 40 kleine Kieselsteine, 4 verschiedene Plakafarben, 4 Pinsel, Papier.

Auf einem Lerngang sammelten die Kinder kleine Kieselsteine. Da wir möglichst runde Steine bevorzugten, warfen wir immer eine Hand voll über eine ebene Fläche. Wir nahmen nur die Steine mit, welche am weitesten rollten.

Im Klassenzimmer wurden die Kiesel kurz gewaschen und gleichmäßig in 4 Becher verteilt. In jeden Becher gaben wir einen Pinsel mit Plakafarbe (Blau, Grün, Rot, Gelb) und rührten damit die Steine kräftig um.

Mit einem beherzten Schwung warfen die Kinder dann einen Becher farbiger Steine, von der Seite her, auf das Papier. Mit dem Pinselstiel schubsten sie die Steine noch etwas in die verschiedensten Richtungen. Dann wurden die Kiesel vorsichtig wieder eingesammelt, um den nächsten Becher über das Papier zu schütten.

Bilder dieser Art machen sich besonders gut mit einem Passepartout.

Varianten:
1. Das Papier wird in eine Schachtel gelegt. Die eingeschütteten, farbigen Steine werden durch Lageveränderung der Schachtel hin und her gerollt.
2. Alle Steine werden in verschiedenen Farben in einem Arbeitsgang über das Papier gerollt.
3. Die Steine werden einzeln über das Papier geschubst oder gerollt.

Reifenspuren

Material: Spielzeugautos, Schälchen, Plaka- oder Wasserfarben, weißes Papier, Pinsel.

Diese Stunde wurde von mir so vorbereitet, daß die Materialien auf einem Tablett etwas außerhalb des Blickfeldes bereit standen.

Zur Einstimmung bekam jedes Kind ein Blatt Papier und ein Spielzeugauto zum freien Spiel.

Zuhause, während der Sachanalyse, stellte ich fest, daß sich Lego-Autos sehr gut eignen. Die Reifen dieser Autos nehmen die Farbe gut an und sind mit einem Profil versehen.

Die Schüler ahnten anscheinend schon was kommt, denn sie fuhren mit ihrem Auto eifrig auf dem Papier herum.

Nach einiger Zeit stellte ich die anderen Materialien auf den Tisch. In den Schälchen durfte jeder Schüler eine Farbe mit etwas Wasser anrühren.

Ich mußte den Kindern nur einmal zeigen, wie man mit dem Auto in der Farbschale ein paarmal vor und zurück fährt, um anschließend kreuz und quer über das Papier zu fahren. Danach wurde das Auto samt Schälchen an den Nachbarn weitergegeben, und die nächste Farbe war an der Reihe. Wir betrachten die trockenen Bilder immer am nächsten Tag im Stuhlkreis. Unter anderem sollen dann die Kinder versuchen, ihr Werk wiederzuerkennen.

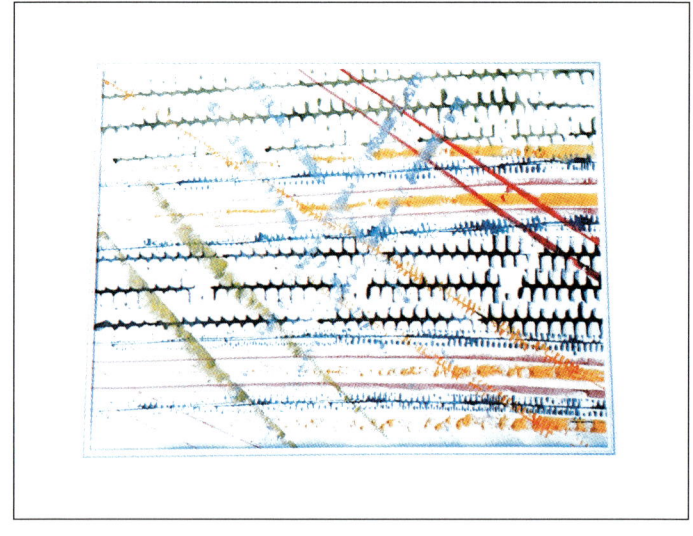

Zitronenmalereien

Material: Zitronen, Pinsel, Zi.-Presse, Bügeleisen, Papier.

Eine interessante Technik, die schon von ihrem Effekt her viele Schüler begeistern wird, ist das Malen mit Zitronensaft.
Meine Schüler stellten sich ihre „Farbe" zunächst einmal selbst her, indem sie 2 Zitronen teilten und auspreßten.

Jedes Kind bekam anschließend ein Blatt Papier und einen nicht zu dicken Pinsel. Als jeder sein kleines Schälchen Zitronensaft vor sich stehen hatte, konnte es sofort losgehen.
Die Kinder wurden angehalten, ein Bild, konkret oder abstrakt, zu malen. Solange die Linien naß sind, kann man die Konturen noch gut erkennen. Zum Problem wurde, daß manche meiner Schüler ihr Blatt großflächig bemalten.
Damit unsere Bilder nach der Fertigstellung gut trocknen konnten, machten wir anschließend einige Botengänge. Schneller geht es mit einem Fön.

Meine Schüler waren schon etwas enttäuscht, als sie später ihr absolut weißes Papier in Empfang nahmen, auf dem lediglich ihr Name stand. Doch dann kam der sogenannte Knalleffekt. Die Kinder durften nun mit einem heißen Bügeleisen (Leinen) über ihr Blatt bügeln. Wie durch ein Wunder erschienen die gemalten Konturen wieder in hellbrauner Farbe. Der getrocknete Zitronensaft enthält Kohlenstoff. Dieser reagiert unter Hitze chemisch.

Schneebilder

Material: Schneespraydose, Schablonen, Tonpapier.

Überall im Handel bekommen Sie in der Adventszeit Spraydosen mit Kunstschnee (ohne FCKW), um die Fenster zu dekorieren.
Meist befinden sich in der Verpackung auch noch einige Weihnachtsmotivschablonen.
Bei einem Sprayversuch stellte ich fest, daß der Kunstschnee auch auf Tonpapier gut haftet.

Für Kinder und Jugendliche, die stark genug sind, den Sprühknopf zu drücken und dazu noch in der Lage sind, mit dem Schneestrahl ein Ziel halbwegs anzuvisieren, ist diese Technik eine schöne Möglichkeit, um konkrete Formen aufs Papier zu bringen.

Zur Durchführung:
Wir führten die Arbeiten an einem Tisch im Flur unserer Schule durch, um eine ausreichende Lüftung gewährleisten zu können.
Zunächst legten wir ein dunkelblaues Tonpapier auf den Tisch. Darauf legten wir eine beiliegende, von dem Schüler ausgesuchte Schablone. Nun deckten wir das Ganze noch mit einem passend zugeschnittenen Passepartout ab, um ein Besprühen des vorstehenden Tonpapiers zu verhindern. Es war also lediglich die Schablonenform frei.

Nun konnte der Schüler mehr oder weniger genau über die Schablone sprühen. Manche meiner Erstkläßler benötigten etwas Handführung. Nach dem Entfernen des Passepartouts und der Schablone wurde das Bild zum Trocknen in das Klassenzimmer gebracht.

Natürlich sind auch Schablonenkombinationen und eigene Motive zu bestimmten Themen denkbar.

Kohlenbilder

Material: Weißes Tonpapier, Kohlen.

In modern geheizten Wohnungen werden Kohlen als Heizmaterial kaum noch benötigt. Auch Kachelöfen werden eher noch mit Holz befeuert.

Deshalb ist es kein Wunder, daß meine Erstkläßler mit besonderem Förderbedarf zunächst mit dem Begriff „Kohlen" und selbst dem realen Gegenstand nichts anzufangen wußten.
Jeder bekam ein Blatt Papier und eine Kohle zum Experimentieren.
Die Kinder bemerkten schnell, daß diese „Steine" abfärbten. Erste Kritzelbilder entstanden bald auf dem Papier und weitere im Gesicht des Nachbarn folgten.
Ein Blick in den Spiegel sorgte für allgemeine Heiterkeit.
Kohlen sind gut greifbar. Parallellinien entstehen, wenn die Kohle mit ihrer Breitseite über das Papier gezogen wird.
Mit dem Finger läßt sich der Kohlenstaub noch etwas verreiben.

Wachsbröselbilder

Material: Wachsmalstifte, Messer, Papier, Teller, Schachtel mit niedrigem Rand.

Hierbei handelt es sich um eine Maltechnik, welche auch schon schwerer behinderte oder kleinere Kinder ausführen können.
Jedes Kind bekommt einen Wachsmalblock in einem Teller. Die Kinder versuchen nun, mit einem stumpfen Messer kleine Bruchstücke vom Wachsmalstift abzuspalten.
Die Bruchstücke werden in einem Becher gesammelt. Da jedes Kind eine andere Farbe bearbeitet, bekommen wir eine bunte Mischung.
Wenn ein oder zwei Eßlöffel zusammen gekommen sind, legen wir ein Blatt Papier in eine Schachtel mit niedrigem Rand (ca. 5 cm hoch).
Die Wachsbrösel werden nun auf das Papier gekippt und mit der Handfläche verrieben.
Es entstehen meist Bilder mit Kreiskonturen in zarten bunten Farben.

Luftschlangenbilder

Material: „Dicki"-Faserstifte, Papier, Holzscheiben.

Im Handel gibt es Kreisel, die als Spitze einen Wachsmalstift haben. Dreht man den Kreisel auf Papier, malt er luftschlangenartige Figuren.

Selbstgebaute Malkreisel sind nicht nur reizvoller im Gebrauch, sie erlauben zudem einen Wechsel der Farben. Nach einigen erfolglosen oder unbefriedigenden Versuchen verspricht folgende, einfache Konstruktion ein recht schönes Ergebnis:

Aus einer 9 mm Sperrholzplatte sägte ich eine Scheibe mit 14 cm Durchmesser. In der Mitte der Scheibe bohrte ich ein Loch mit 13 mm. Der Rand wurde sauber mit Schleifpapier rund geschliffen.
In das Mittelloch wurde nun ein „Dicki"-Faserstift gesteckt und festgedrückt. Fertig war ein Malkreisel mit auswechselbaren Farbachsen.
Der Kreisel wird mit Schwung auf einem Papier gedreht, das evtl. auf einer etwas schräg gelagerten Holzplatte liegt.

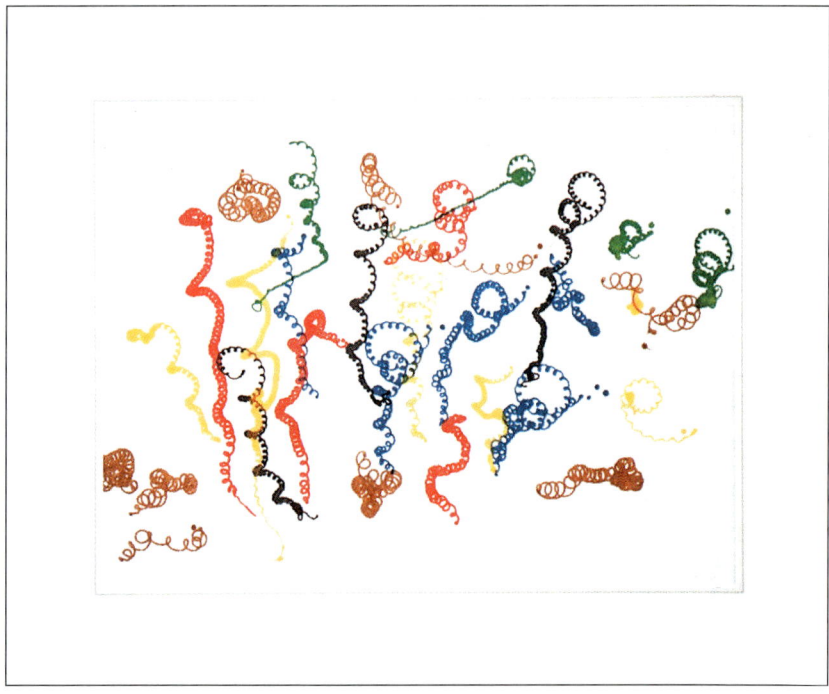

Der Stiftwechsel und das Erlernen der Drehtechnik war für meine Schüler eine gute feinmotorische Übung.
Je besser die Technik eingeübt wird, desto länger werden die Luftschlangen auf dem Papier. Auch für meine schwerer behinderten Schüler war das Beobachten des Kreisels ein interessanter visueller Reiz.

Feuerwerk am Sternenhimmel

Materialien: Schwarzes Tonpapier, Metallicstifte in Gold und Silber.

Möchten Sie z.B. Urkunden, Signaturen, Widmungen oder Fotobeschriftungen besonders effektvoll gestalten, dann können Sie dazu die neuen, metallisch glänzenden Gold- oder Silberfilzstifte verwenden. Vor dem Gebrauch müssen die Stifte kräftig geschüttelt werden. Danach wird die Farbe in die federnd gelagerte Schreibspitze gepumpt, indem man diese ein paarmal eindrückt.

Meine Schüler hatten anfangs des neuen Jahres die Aufgabe, ein Feuerwerk zu malen.

Da möglicherweise einige meiner Schüler noch nie ein Feuerwerk gesehen haben, zeigte ich zunächst eine Neujahrsrakete. Ich hebe mir übrigens immer einen Großteil meiner Sylvesterartikel für die Feste des laufenden Jahres auf. Gemeinsam ließen wir die Rakete auf dem nahen Feld steigen. Selbst bei schönem Wetter sind die Leuchtkugeln gut

sichtbar. Ins Klassenzimmer zurückgekehrt, betrachteten wir im verdunkelten Raum ein Effektdia mit einem Feuerwerksmotiv. Ideal wäre dazu ein passendes Geräusch von einer Kassette gewesen.

Danach übten sich die Schüler in der Gestaltung von Feuerwerksexplosionen mittels der oben genannten Stifte. Als nächtlichen Hintergrund verwendeten wir schwarzes Tonpapier.

Grundlage der Zeichnungen war stets ein senkrechter oder leicht bogenförmig laufender Strich nach oben und eine Explosionsdarstellung am Ende der Raketenflugbahn. Das Feuerwerk sollte zwar möglichst selbständig und kreativ gemalt werden, trotzdem brauchen sicher viele Kinder einige Gestaltungsvorschläge als Orientierungshilfe.

Da zum einen die Aufgabenstellung relativ leicht zu bewältigen war und zum anderen die leuchtenden Farben einen hohen Aufforderungswert besitzen, blieben meine Schüler lange hochmotiviert bei der Aufgabe.

Leider muß noch erwähnt werden, daß sich die Farbe von Körperteilen und Gegenständen fast nur mit Verdünner entfernen läßt.

Stiefelabdrücke

Obwohl sich Stiefelabdrücke auf unserem Cotto-Fußboden nach meiner und der Kinder Meinung sehr dekorativ machen, zeigt meine Frau leider wenig Sinn für die längerfristige Erhaltung dieser Kunstwerke. Also kam mir die Idee, diese „Straßenmalereien" auf Papier festzuhalten.

Materialien: Winterstiefel, Borstenpinsel, Fingerfarben, Papier, Schälchen.

Nachdem die Kinder ihre Malkittel angezogen hatten, setzten wir uns an den Tisch, und jeder zog einen Stiefel aus. Um die Technik optimal ausführen zu können, übten wir das Abrollen des Schuhs auf dem Tisch.
Nun bekam jeder Schüler ein Blatt Papier, einen Pinsel und in einem Schälchen mit etwas Wasser verdünnte Fingerfarbe. Diese Farbe eignet sich gut, da sie später unter dem Wasserhahn einfach abgespült werden kann.

Nachdem die Schüler ihre Sohle eingefärbt hatten, wurde der Stiefel stehend, wie geübt, auf das Papier gedrückt. Danach wurde der Schuh samt Pinsel und Farbe im Uhrzeigersinn an den Nachbarn weitergegeben. So entstanden Bilder mit 4-5 verschiedenfarbigen Abdrücken, wobei nach meiner Meinung grobstollige Sohlen den interessantesten Effekt erzeugen.

Nach dem Säubern der Schuhe verteilten wir diese mit Hilfe eines Kreisspieles an die Besitzer.

Liedtext:

„Hallo, liebe Kinder, ich hab was um den Hals. Wem gehört das? ... Dann behalt's."

Das Malbrett

Materialien: Papier, „Dicki-Malstifte", ein Malbrett

Mein Malbrett besteht aus einer runden, 10 mm dicken Sperrholzscheibe, die mit 2 kleinen Möbelrollen und einem Loch ausgestattet ist. Die Scheibe hat einen Durchmesser von 18 cm, wobei die Form Ihrer Phantasie überlassen bleibt. Genauso denkbar wäre eine Dreiecks- oder eine Herzform. Die Möbelrollen sind kugelgelagert. Das Loch hat einen Durchmesser von 14 mm, um „Dicki-Filzstifte" einstecken zu können. Rollen und Loch werden im gleichmäßigen Abstand voneinander am Rand der Scheibe angelegt.

Mit dem Malbrett kann in alle Richtungen über das Papier gefahren werden. Dabei überträgt der Filzstift die ausgeführten Bewegungen auf das Papier. Es können abstrakte und konkrete Zeichnungen entstehen. Auch Schriften sind möglich.

Das Malbrett bietet nicht nur die Möglichkeit der Einzelbeschäftigung, auch das gemeinsame Tun kann mit diesem Gerät gefördert werden.

So können die Kinder z.B. unter dem Aspekt „Führen und Folgen" paarweise ein Bild gestalten. Oder sie versuchen, nach dem Prinzip „Nachgeben und Durchsetzen" ohne Absprache ein Bild zu einem bestimmten Thema zu Papier zu bringen.

Wenn Sie in Ihre Malscheibe ein Mittelloch bohren und dadurch einen Bleistift als Achse stecken, können bunte Kreise gemalt werden.

Das Malbrett kann auch Menschen, welche feinmotorisch nicht in der Lage sind, einen Stift zu halten, eine ideale Möglichkeit zur gestalterischen Betätigung bieten.

Wellpappestempel

Materialien: Stempelkissen in verschiedenen Farben, Papier, Stempel.

Wellpappestempel können sehr einfach selbst hergestellt werden, indem Sie die von Ihnen gewünschten Formen aus Holz aussägen. In meiner Stunde arbeiteten wir mit den Grundformen: Kreis, Dreieck und Viereck.
Auf eine Seite der Holzformen schrauben Sie Schubladenknöpfe aus dem Baumarkt. Denken Sie bitte daran, das Bohrloch in der Mittel des Stempels so anzusenken, daß die Schraube nicht vorsteht. Nun werden die Stempel mit Leim bestrichen und auf Wellpappe gestellt. Nach dem Trocknen schneiden Sie die Stempel einfach mit einem Universalmesser aus.

Stempelkissen in den Farben Schwarz, Rot, Blau und Grün ergeben einen sehr interessanten Effekt und üben gleichzeitig die Farbdifferenzierung.
Die Formen können sehr kreativ aufs Papier gebracht werden. So können die Muster nebeneinander und übereinander gestempelt werden. Auch konkrete Figuren können entstehen.
Wichtig ist noch, daß die Stempel kräftig auf das gut gefüllte Stempelkissen gedrückt werden.
Die Stempelfarbe sollte sofort nach der Stunde mit etwas Scheuermittel von den Händen entfernt werden.

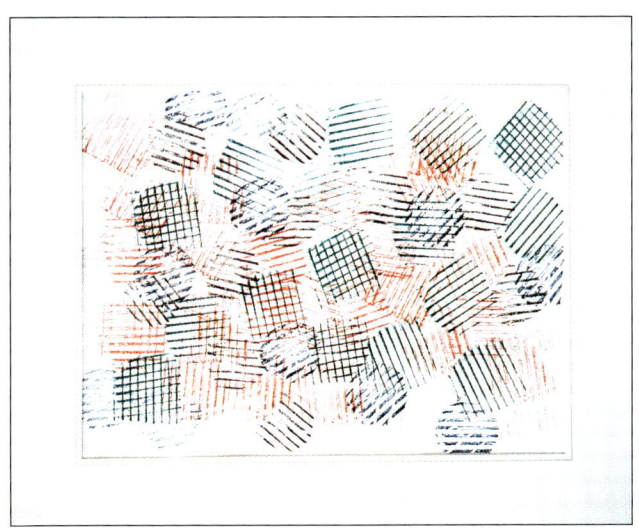

Zeichnungen mit dem Graphikrad

Das an Computergraphik erinnernde Muster kann mit freier Hand nicht gezeichnet werden.

Um so unglaublicher war es für meine Schüler, als ich ihnen anbot, auch so ein Bild zu zeichnen.

Ein Graphikrad zu bauen ist denkbar einfach.

Sägen Sie aus einem ca. 10 mm dicken Sperrholzquadrat einen Kreis mit ca. 28 cm Durchmesser aus. An den Innenrand leimen Sie rundherum grobe Schleifpapierstreifen (als Zahnradersatz). Aus der herausgesägten Scheibe sägen Sie sich nun ein Laufrad mit ca. 13 cm Durchmesser. Dieses wird außen im Kreis herum mit Schleifpapier beklebt. Selbstverständlich muß alles vorher kreisrund und sauber verschliffen werden.

Bohren Sie nun vom Mittelpunkt nach außen einige Löcher (5 mm) in das Laufrad. Natürlich können Sie sich mehrere Laufräder in verschiedenen Größen aussägen.

Um das erste Graphikbild zu zeichnen, müssen Sie jetzt einen Farbstift (Filz oder Holz) in ein Loch stecken und die Scheibe durch diese Achse im Kreis entlang drehen.

Es ist nicht ganz einfach. Etwas Übung werden auch Sie benötigen. Je enger der Stift am Mittelpunkt angesetzt wird, um so leichter dreht sich die Scheibe.

Ergänzung:

Als Erleichterung für meine schwächeren Schüler leimte ich den Kreis auf eine Sperrholzplatte. Ein eingelegtes Papier kann nun nicht mehr wegrutschen. In die Mitte des Laufrades leimte ich einen Holzdübel. Steckt man darauf eine Kugelschreiberhälfte, hat der Zeichner eine gute Führung. In ein Loch klemmen Sie einen „Edding 3000" Faserstift, an welchem das Metallrohr abgeschraubt wurde. Mit dieser Veränderung braucht das Rad nur noch gleichmäßig im Kreis geführt zu werden.

Folgende Überlegungen können einen Erfolg besser sichern:
- Zuerst das Rad ohne Farbstifte im Kreis drehen.
- Das Papier mit Klebestreifen auf dem Tisch befestigen.
- Der Erwachsene sollte den Rahmen festhalten.

Seidenpapiermalerei

Material: Seidenpapier in verschiedenen Farben, Schälchen mit Wasser, Malpapier.

Diese sehr einfache Technik läßt den Kindern trotzdem Raum für Kreativität und Phantasie. Jedes Kind bekommt je 1/4-Bogen Seidenpapier in verschiedenen Farben. Dazu bekommt jedes Kind ein Schälchen Wasser. Wir setzen bei dieser Technik auf die Abfärbeeigenschaft des Seidenpapiers. Schwarzes Papier eignet sich nach meiner Erfahrung am wenigsten.

Die Kinder haben nun die Aufgabe, Seidenpapier in handgroße Stückchen zu zerreißen und zu zerknüllen. Die Papierkugeln werden in Wasser getaucht und sofort aufs Malpapier gedrückt. So entsteht nach einiger Zeit ein buntes Bild. Dabei machten wir die Erfahrung, daß durch eng gesetzte Papierstückchen neue Farbnuancen entstehen.
Die Papierknüller entfernten wir erst am nächsten Tag, als alles gut getrocknet war.
Zum Vorschein kam ein buntes Muster in zarten Farben.

Kopiercollagen

Ein leichter Knopfdruck genügt, um ein für das Kind faszinierendes Schauspiel in Gang zu setzen.

Das Zusammentreffen Siegfrieds mit dem Lindwurm kann kaum spannender gewesen sein.

Der Drache erwacht, wohlig vor sich hin brummend. Doch unvermittelt stößt das Untier plötzlich einen kalten Feuerstoß aus. Ein Lichtblitz erhellt den Raum. Dann reißt das Ungeheuer gähnend sein Maul und schiebt bedrohlich seine Zunge heraus, um kurz darauf wieder in sanften Schlaf zu verfallen.

Der Kopiervorgang ist beendet.

Technische Geräte, wie hier z.B. das Fotokopiergerät, ziehen Kinder fast magisch in ihren Bann.

Da meine Schüler sehr großes Interesse am Fotokopiergerät zeigen, beschloß ich, dieses Medium einmal im Fach „Gestalten" einzusetzen.

Zum einen bietet das Fotokopiergerät auch Möglichkeiten der künstlerischen Gestaltung, zum anderen können die Kinder dabei in den sachgerechten Umgang mit diesem Gerät eingewiesen werden.

Das Vorhaben wurde den Schülern zunächst erklärt. Jedes Kind bekam dann ein Schälchen und genügend Zeitungen zur Auswahl. Die Aufgabe bestand nun darin, kleine Zeitungsstückchen zu reißen und in Schälchen zu sammeln. Meinen leistungsstärkeren Schülern machte ich das Angebot, Bilder ihrer Wahl herauszureißen.

Nachdem jedes Kind genügend Material gesammelt hatte, wanderten wir ins Lehrerzimmer. Folgender Ablauf mußte nun beachtet werden:

1. Deckel des Gerätes öffnen.
2. Papierstückchen auf der Glasscheibe verteilen.
3. Deckel schließen.
4. Einstellen der DIN A 3 Form.
5. Betätigung des Kopiervorgangs.
6. Deckel öffnen und Papier entnehmen.
7. Auf DIN A 4 umstellen und (wenn möglich) die Anzahl der Kopien auf „1" kontrollieren.
8. Kopie entnehmen und betrachten.

Die Initialzündung zu unseren „Kunstwerken" kam von einem Künstler in einer Kultursendung. Dieser Herr riß schwarzes Tonpapier in Stückchen und verteilte diese auf dem Kopierer. Danach zerriß er die Kopie um diese Teilchen wiederum zu kopieren.

Noch einfacher ist es, einige Zeitungsblätter zu zerknüllen. Der Papierball wird wieder leicht auseinandergezogen und so kopiert. Der Effekt ist sehr interessant.

Eine weitere Möglichkeit bietet sich darin, ein Zeitungsblatt auf den Kopierer zu legen und während des Kopiervorgangs zu bewegen. Je nach Art der Bewegung (kreisförmig, wellenförmig, ruckartig) entstehen immer neue Effekte.

Auch können größere Bilder, z.B. von Personen, kopiert und mit Malstiften verändert werden. Thema könnte in diesem Zusammenhang die Herstellung von lustigem Spielgeld sein.

Beim Landkartenspiel wird für jeden Mitspieler ein Stück von einer Landkarte kopiert. Die Kinder können nun mit Farbstiften aller Art ihre Kopie bearbeiten So können Burgen, Städte, Schlösser, Türme, aber auch Wanderer eingezeichnet werden, welche über die Landkarte spazieren.

Ein Wundertier entsteht, wenn Sie eine lustige Grundform ohne Kopf zeichnen und diese fotokopieren. Jeder Mitspieler gestaltet sein eigenes Monster.

Eine weitere Möglichkeit bietet das Fotokopieren von Bilderbüchern. Die Figuren werden ausgeschnitten und auf ein weißes Blatt geklebt. Die Kinder malen eine neue Umgebung dazu.

Wir malen mit selbsthergestellten Farben

Materialien: Lehm in verschiedenen Farbtönen, Weidenäste oder grobe Borstenpinsel, Eier, Wasser, Papier, Schälchen.

Um den Kindern einmal einen unmittelbaren Eindruck vom Wesen der Farbherstellung zu vermitteln, begaben wir uns für einige Zeit auf die Spuren der Steinzeitmenschen.
Schon vor ca. 20 000 Jahren dokumentierten Menschen mit künstlerischer Begabung ihr Leben an Höhlenwänden.
Sie verwendeten damals hauptsächlich Pigmente aus gelben, rötlichen und bräunlichen Erden und anderen Naturmaterialien.
Im Stuhlkreis betrachteten wir zur Einstimmung Zeichnungen vom Leben der Höhlenmenschen. Vor allem die Höhlenmalereien regten die Schüler zu Spekulationen über die Motive an.
Mit kleinen Schaufeln und Marmeladegläsern begaben wir uns in der 2. Stunde auf einen Lerngang. Glücklicherweise wurde zu dieser Zeit auf unserem Gelände gebaut, so daß wir bald verschiedenfarbigen Lehm in unsere Gläser füllen konnten. Außerdem schnitten wir noch kleine Weidenäste ab. Diese wurden später unsere Pinsel.

In einer weiteren Stunde verrührten wir den Lehm in Schälchen mit Wasser zu einem dickflüssigen Brei. Ein durch ein Haarsieb passiertes Hühnerei diente uns als Bindemittel.

Das eine Ende der bleistiftdicken Weidenäste klopften wir so lange mit einem Stein (oder Hammer), bis es fasrig wurde. Mit diesem Pinsel malten die Kinder dann ihre ersten Motive aufs Papier.
Ergänzen können Sie die Farbe durch zerkleinerte Holzkohle (schwarz) oder durch zerstoßene Kreide (weiß).

46

Sie können den Lehm auch mit viel Wasser auflösen und den abge-
setzten feinen Schlamm als Pigment verwenden.

Prinzipiell können Sie alles als Pigment verwenden, das eine Farbe hat
und nicht giftig ist. Seien Sie also kreativ und erfinderisch.

Bilder im Irisdruckverfahren

Material: Fingerfarben in Rot, Gelb, Grün, Blau und Orange, Papier, Kreppband, Fugenspachtel.

Beim professionellen Irisdruckverfahren werden mehrere Farben gleichzeitig in einem Arbeitsgang aufs Papier gebracht (Iris, die; grch. „Regenbogen").

Nachdem wir im Unterricht ein Bild mit einem Regenbogen ausgiebig betrachtet hatten, bekamen die Kinder das Angebot, selbst ein Bild im Irisdruckverfahren zu malen.

Folgende Technik garantiert auch für Kindergartenkinder einen schönen Erfolg.

Auf eine gut abwaschbare Platte (i.d.R. eignet sich der normale Schülertisch) werden 5 Kreise (Durchmesser ca. 5 cm) in einer Reihe in Blattbreite mit Bleistift aufgezeichnet. Ein Blatt Papier wird mit Kreppband ca. 1 cm neben den Kreisen befestigt.

Das Kind darf nun die 5 Farben nach eigener Auswahl in die Kreise drücken.

Ein breiter Gummispachtel (für Böden) wird hinter den Farben angesetzt und langsam über das Papier gezogen. Evtl. ist ein Wiederholungsstrich nötig.

Nach dem Trocknen wird der Klebestreifen abgeschnitten. Der Spachtel kann auch im Bogen, zackig oder wellenförmig über das Papier gezogen werden.

Arbeitsmäntel, viel Wasser im Eimer und Lappen sind zusätzliche unverzichtbare Utensilien bei dieser Technik.

Anmerkung:

Eine Kollegin veränderte diese Technik, indem sie Farbstreifen in gleichmäßigem Abstand auf dem Papier hintereinander auftrug. Fährt man nun mit dem Schieber über das Papier, vermischen sich die Farben zu einem Bild mit sehr interessanten Farbkompositionen.

Filigrane Muster in Kleisterpapier

Material: Tapetenkleister, Wasser, Pinsel, Papier, Wasserfarben, Schüssel, Kunststofftopfkratzer.

Zunächst wird der Kleister eine halbe Stunde vor Beginn der Stunde angerührt. Die Kinder streichen ihr Papier dick mit Kleister ein. Danach werden Wasserfarben nach eigener Wahl auf das Papier aufgetragen. Nun können die Kinder mit den verschiedensten Materialien kreative Muster in die farbige Kleistermasse schaben, kratzen oder malen.

Wir versuchten einmal, Kunststofftopfkratzer als gestaltnerisches Mittel einzusetzen.
Die Schüler hatten kaum motorische Probleme, die Topfkratzer zu halten und über das Papier zu führen. Eine andere Möglichkeit war, den Topfkratzer auseinander zu wickeln und wie einen Fausthandschuh anzuziehen.
Ein Problem stellte die Begeisterung für diese Technik dar. Da sich das Muster immer wieder verändern ließ, bemerkten manche „Künstler" gar nicht, daß sie längst die Tischplatte verschönerten. Gut, daß wir keine Metallkratzer verwendeten.

Airbrush nach alter Väter Sitte

Material: Wasserfarben (oder andere wasserlösliche Farben), hochkant zu stellendes Brett als Papierhalter oder gekachelte Wand, Farbzerstäuber, Becher, Pinsel.

Als mein Vater vor ca. 30 Jahren seinem Modellbauhobby nachging, kam er von Zeit zu Zeit mit hochrotem Kopf aus seiner Werkstatt. Wir wußten dann sofort, Vater hat wieder ein Militärflugzeug getarnt. Dabei sprühte er die dickflüssige Farbe mit einem einfachen Farbzerstäuber auf.
Diesen Zerstäuber gibt es, speziell für Seidenmalereien, immer noch im Handel (siehe Bild).
Es reizte mich zwar, diese Technik einmal auszuprobieren, dennoch war ich skeptisch, ob 8-Jährige überhaupt den nötigen Blasdruck erzeugen können.

Eine dünnflüssige Farbe war natürlich Voraussetzung für einen Erfolg. Wir lösten einfach einige Wasserfarben in halbvollen Bechern mit Wasser auf. Da man den Becher nicht schräg halten kann, mußte das Blatt senkrecht gestellt werden. Dazu baute ich ein Stehbrett (2 Bretter mittels einer Dachlatte im Winkel verleimt und verschraubt). Das Papier kann aber auch an eine gekachelte Wand (z.B. Dusche) geklebt werden.
Es war erstaunlich, daß 4 meiner 6 Schüler die Technik auf Anhieb beherrschten. Das lange Röhrchen wird in die Farbe gesteckt, in das dickere kurze wird geblasen.
Von Vorteil ist auch, daß beim Luft ziehen keine Flüssigkeit in den Mund kommen kann.

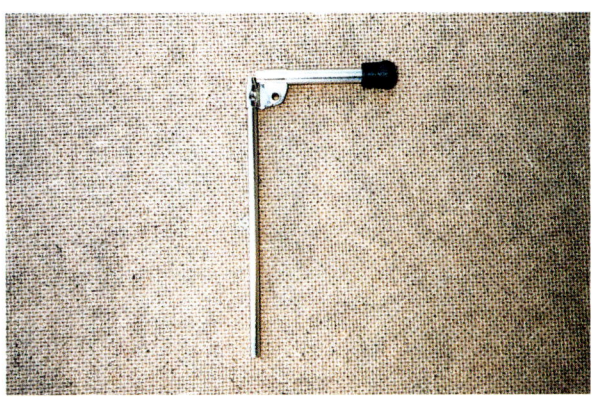

Kerzenwachszufallstechnik

Materialien: Kerzen in verschiedenen Farben, Schälchen, Wasser,
    Feuer.

Mit Sicherheit wird diese Technik bei den Lesern kontrovers diskutiert.
Der Umgang mit Feuer birgt natürlich viele Gefahren. Auf der anderen
Seite wird ein Kind immer wieder einmal Feuerzeuge in die Hand bekommen. Entscheiden Sie selbst, wann der sachgerechte Umgang mit
dem Feuer thematisiert wird.
Unterstützend wirken kann die im folgenden beschriebene reizvolle Technik, welche ich mit meinen geistigbehinderten Erstkläßlern durchführte.

Selbstverständlich brauchen Kinder bis zu einem bestimmten Alter bei
dieser Arbeit Einzelbetreuung.
Die Arbeitsschritte werden erklärt und vom Lehrer demonstriert.
Zunächst füllt sich das Kind ein Schälchen voll mit Wasser. Dann wählt
es eine farbige Kerze aus, zündet diese evtl. selbst mit einem Streich-

holz an und tropft nun einfach das Wachs in die Wasserschale. Dabei ist es wichtig, daß der Schüler eine aufrechte Haltung einnimmt, damit seine Haare nicht anbrennen können. Die Kerze wird waagerecht, möglichst hinten, knapp über dem Wasser gehalten.

Die Kunst ist nun, die einzelnen, schwimmenden Tropfen so miteinander zu verbinden, daß ein kunstvolles Ornament entsteht.

Die Größe des Tropfbildes hängt natürlich stark von der Größe der Wasserschale, der Ausdauer und der Geduld des „Künstlers" ab.

Ist das Werk vollendet, kann es ganz vorsichtig aus dem Wasser herausgenommen und umgedreht auf ein Blatt Papier gelegt werden.

Jetzt erst wird deutlich, daß sich die Wachstropfen unter Wasser halbkugelförmig erhärteten und somit zusammenhängend eine schöne Struktur bildeten.

Nach dem Trocknen kann die Form mit Klebstoff auf ein Papier geklebt und aufgehängt werden.

Die Kinder entwickeln in der Regel sehr viel Phantasie bei der Bezeichnung des Motivs. Die Figur kann sogar mit Farbstiften ergänzt, verdeutlicht oder erweitert werden.

Straßenmalerei mit Gipssteinen

Eine Materialliste erübrigt sich, da wir lediglich Gipssteine, die bei uns tonnenweise auf den Äckern liegen, verwenden.

Es handelt sich hier um den im Hohenloher Raum reichlich vorkommenden schwefelsauren Kalk mit gebundenem Wasser, der ca. 145 Mill. Jahre alt ist. Dieser Gipsstein kommt aber auch in anderen Bundesländern vor.

Nach meiner Erfahrung gibt es zwei verschiedene Steinhärten. Die Einen sind frisch aus dem Boden geackert und ziemlich fest. Die Anderen liegen schon längere Zeit an der Oberfläche. Diese sind weicher, da sie dem Frost ausgesetzt waren. Man bekommt schon weiße Hände, wenn man sie anfaßt. Diese Gipssteine eignen sich hervorragend und kostenlos zum Malen.

Wir versammelten uns an einem schönen Nachmittag auf unserem Pausenhof.

Mit einem Gipsstein grenzte ich die Malfläche für die Kinder ein.

Jeder bekam einen Stein, und schon ging's ohne Vorgabe los. Jeder durfte innerhalb der Grenze malen wie und was er wollte. Für manche Kinder wurden von ihnen gewünschte Motive vorgemalt und vom Kind fertiggestellt (z.B. Haare, Augen, Beine, Rauch usw.).

Diese Technik übte auf die Kinder eine enorme Motivation aus.

Der nächste Regen bringt allerdings alles wieder in seinen ursprünglichen Zustand. Ein Foto wäre deshalb eine schöne Erinnerung.

Hammerschlagdruck

Materialien: Hammer, Leimholzbrett (mind. 2 cm dick), verschiedene dickflüssige Farben (z.B. Plaka oder Cromar), Papier, Linoldruckwalze, Pinsel.

Bei dieser Technik fertigten die Kinder ihren Druckstock selbst an. Wir erstellten in der im folgenden beschriebenen Stunde eine gemeinsam genutzte Druckplatte.

Wir versammelten uns im Freien um einen massiven Holztisch. Die oben beschriebenen Materialien wurden den Schülern gezeigt, benannt und ihre Verwendung erklärt. Anschließend wurde den Kindern der ganze Umfang der Technik einmal demonstriert.

Dabei weckte vor allem der Umgang mit einem Hammer das Interesse der Schüler.

Ein Leimholzbrett in der Größe unseres Papiers (DIN A 3) wurde von jedem Klassenmitglied durch kräftige Schläge mit der Hammerschmalseite bearbeitet. Wir wechselten, sobald die Kräfte nachzulassen schie-

nen. So entstand eine Fläche mit zahlreichen, unregelmäßigen Vertiefungen. Dabei kann es schon einmal vorkommen, daß ein Stück des Brettes abbricht. Da wir das Bruchstück beim Druck wieder sauber anlegen können, ist dies nicht weiter tragisch.

Nach Vollendung dieser eher körperbetonten Arbeit bekam jeder Schüler eine Farbe seiner Wahl und einen Pinsel. Nun wurde gemeinschaftlich und gleichzeitig das Brett bemalt. Dabei achteten wir darauf, möglichst nicht in den Bereich des anderen zu kommen und nicht zuviel Farbe zu verwenden.

Die Kinder durften nun nacheinander ein Blatt Papier nehmen, es auf das Brett legen und mit Hilfe einer Linoldruckwalze andrücken. Je nach Farbauftrag muß das Brett zwischendurch immer wieder einmal neu bemalt werden.

Wird das Papier von dem Druckstock abgezogen, erscheint eine sehr interessante Struktur, wobei die Vertiefungen der Hammerschläge ausgespart bleiben.

Wellpappe als Hilfsmittel zur künstlerischen Gestaltung

Wellpappe, so informiert uns „Das moderne Lexikon", ist eine Pappe, die aus zwei Decken aus Schrenz-, Zellulose- oder Natronkraft-Papier und einer gewellten Einlage (aus Strohpapier o.ä.) besteht. Wir verwendeten Wellpappe mit nur einer Decke, um die Wellenoberfläche mit in die Bildgestaltung einzubeziehen. Wellpappe bekommen Sie jederzeit kostenlos im Handel.

A. Rinnsalebilder

Materialien: Wellpappe, fertig zugeschnitten in DIN A3 mit längslaufender Rillenführung, Sperrholzbretter o.ä. DIN A3, wasserverdünnte Fingerfarben in Schälchen oder Becher, für jede Farbe einen Pinsel.

Wir begannen im Stuhlkreis mit der Erkundung des Materials. Die Kinder bekamen ein Stück Wellpappe zum Befühlen und Experimentieren. So entstanden Waschbrettinstrumente, Trompeten, Ferngläser, Kaugummi, Wurfgeschosse und viele kleine Einzelstücke. Der nächste Schritt war die Vorstellung der Technik.

Eine Wellpappebahn wurde mit Hilfe von zwei Klebestreifen und der Rinnenführung von oben nach unten auf einem Brett befestigt. Das Brett wird dann einfach vom Lehrer in Schrägstellung (ca. 50 Grad) gehalten. Der Idealfall wäre eine Plexiglasplatte DIN A3, die schräg an einem hölzernen Standfuß befestigt wurde. Dieses Standbrett können Sie immer wieder vielfältig einsetzen. (siehe auch S. 53 Airbrush)

Die Schüler hatten nun die relativ einfache Aufgabe, am oberen Rand der Wellpappe mit dem Pinsel von der verdünnten Farbe so viel aufzutupfen, bis diese in Rinnsalen den Rillen entlang nach unten lief.

Durch den Wechsel der Farben entstanden so Bilder mit verschieden langen, geraden Linien, die schon während der Herstellung zum Absetzen und Beobachten einladen.

B. Wellpappe als Druckstock

Materialien: Wellpappe (DIN A3), Papier, Finger- oder Wasserfarben, Pinsel, eine Walzendruckpresse (siehe Bild) oder Linoldruckwalzen.

Die Kinder bemalen die Wellenseite ihres Wellpappenbogens verschiedenfarbig und in freier Gestaltung.

Dann wird ein Blatt Papier auf die bunte Wellpappe gelegt und zwischen die beiden Walzen einer Schulpresse gespannt. Der Schüler darf nun mit dem Handrad beide Blätter durchwalzen. Es geht aber auch mit einer Linoldruckwalze.

Das Wellenmuster zeichnet sich auf dem Papier als parallele Linien ab.

Wiederholt man den Druckvorgang, indem die Wellpappe um 90 Grad zum Bild gedreht wird, ergeben sich Quadrate oder Rechtecke.

Auch in anderen Formen zugeschnittene oder gerissene Wellpappe (z.B. Dreiecke) kann kreativ als Gestaltungsmittel eingesetzt werden.

Wenn die Wellpappe mit zuviel Farbe eingestrichen wurde, ist es ratsam, das Bild mehrmals auf einem neuen Blatt durchzuwalzen.

C. Lochpapier mit Hilfe von Wellpappe

Materialien: Wellpappe, Papier, Wasserfarben, Pinsel, Becher, Kopierrad. Zum Laternenbau: Käseschachteln, Klebstoff, Windlicht.

Falls Sie diese effektvolle Laterne mit Ihren Kindern nachbauen möchten, sollte das Papier vorher passend zur Käseschachtel in Höhe und Breite zugeschnitten werden. Ein paar Zentimeter größer werden Wellpappestücke vorbereitet.
Die Wellpappe wird mit den Wellen nach unten auf den Tisch gelegt. Darauf kommt ein Blatt Papier.
Nun wird mit einem Kopierrad für Stoffschnitte kreuz und quer so über das Papier gefahren, daß sich viele Lochbahnen bilden. Dabei können die verschiedensten Muster entstehen. Danach wird das ganze Blatt bunt mit Wasserfarben bemalt. Nach dem Trocknen und Bügeln kann aus dem Papier eine Laterne gebastelt werden. Die vielen kleinen Löcher wirken im Kerzenlicht wie tausend Sterne.

Betrachten Sie auch einmal die Rückseite des Bildes. Meist dringt die Farbe durch die Löcher, so daß sich Farbspuren bilden.

Natürlich kann auch in umgekehrter Reihenfolge vorgegangen werden. Erst malen, dann lochen.

EPS-Druck

Materialien: Wasser-, besser Fingerfarben, Pinsel, ein Messer, Papier, einen Seeigelkaktus.

Diese Idee entstand beim Kompost Umschichten. Vor gut einem halben Jahr hatte meine Frau genug von ihrem alten, kranken Seeigelkaktus (lat.: Echinopsis kurz „Eps" genannt) und beförderte ihn auf den Kompost.
Beim Umschichten im Herbst kam er nun wieder zum Vorschein. Er war recht gut erhalten, aber fast ohne Stacheln. Zielsicher durchtrennte ich die Pflanze mit dem Spaten, um den Verrottungsvorgang zu beschleunigen. Dabei fiel mir das wunderschöne Sternmuster des Kaktus auf.
Da sich die restlichen Stacheln leicht mit einem Messer abschaben ließen, konnte man ihn gut in die Hand nehmen.

Im Unterricht schnitten wir für jeden unserer 5 Farbtöpfe eine dicke Scheibe von unserem „Eps" ab. Diese versahen wir mit einem Einschnitt, um sie auf die Ränder der Farbtöpfe stecken zu können.

Die Kinder hatten nun die Aufgabe, mit dem Pinsel und einer frei ge-
wählten Farbe eine Kaktusscheibe zu bemalen und diesen Stempel
dann ein- oder mehrmals auf's Papier zu drücken.

Das geht ganz einfach und ergibt wirklich schöne Motive, dessen Technik keiner so schnell errät.

So können je nach Phantasie und Leistungsvermögen Blumen, Zahn-
radmaschinen, Schmetterlinge oder einfach nur Sterne entstehen. Dabei kann ruhig mit dem Pinsel noch etwas nachgeholfen oder verfrem-
det werden.

Mandalas

Bei Mandalas (Sanskrit: Kreis) handelt es sich um mystische Diagramme der Buddhisten, die aus uralter Zeit stammen. Sie sind eine Art symbolischer Darstellung des Kosmos. Wer davor meditiert, wird angeblich eins mit dem Universum.
Dabei werden sich überschneidende Dreiecke von einem Kreis umschlossen. Dieser Kreis wird wiederum von einem Quadrat eingefaßt.
Mandalas können von Ihnen oder den Kindern natürlich auch selbst entworfen werden. Dabei haben Sie den Vorteil, daß die Feldergröße den Fertigkeiten der Kinder angepaßt werden kann.

Möglicherweise vergrößern Sie auch die sehr frei gestaltete Kopiervorlage, welche in unserer Stunde einen „geheimnisvollen Edelstein" darstellte.

Das Mandala wird mit bunten Farben ausgemalt. Am besten beginnt man in der Mitte. Dabei soll eine besonders wohltuende, beruhigende Wirkung eintreten.

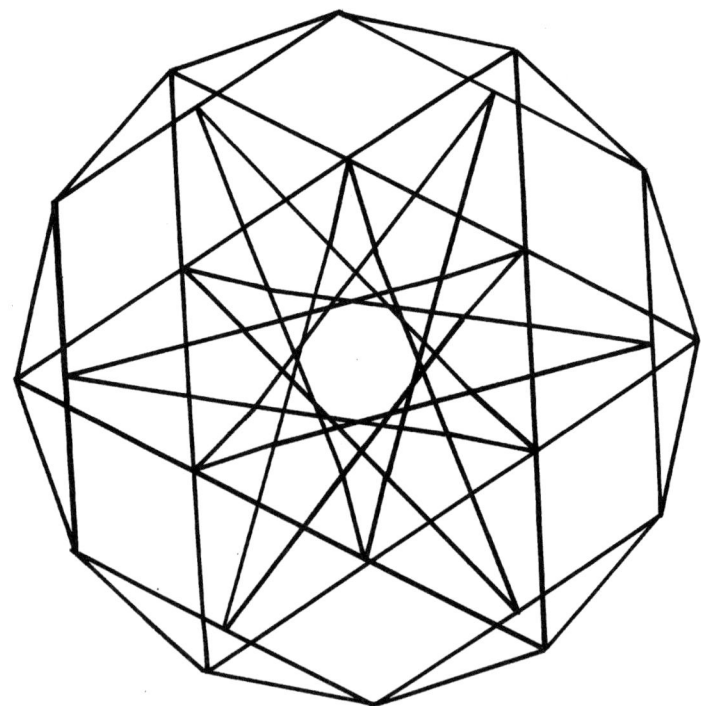

Edle Festtagskarten für jede Gelegenheit

A. Glitzermotive aus Alufolie

Materialien: Alufolie, Transparentpapier in verschiedenen Farben, Haarspray, Tonpapier, Schälchen, Klebstoff.

Nachdem die Kinder ein Muster des Endproduktes ausgiebig betrachtet haben, bekommen sie jeder ein Schälchen, um sich eine bunte Mischung von ca. 5 Pf. großen Transparentpapierschnipseln zu reißen.

Danach wird an jeden Schüler ein Stück möglichst reißfester Alufolie in der Größe einer Postkarte ausgeteilt.

Die Folie wird auf ein Zeitungsblatt gelegt und mit Haarspray eingesprüht.

Nun können die Kinder in eigener Farbzusammenstellung ihre Transparentpapierstückchen auf die Folie legen und etwas feststreichen. Dabei ist zu beachten, daß Papierstückchen erst übereinander gelegt werden, nachdem das Ganze wieder eingesprüht wurde.

So entsteht schnell ein buntes Bild, auf dem durchaus Lücken bleiben dürfen, um einen Glitzereffekt zu erhalten.

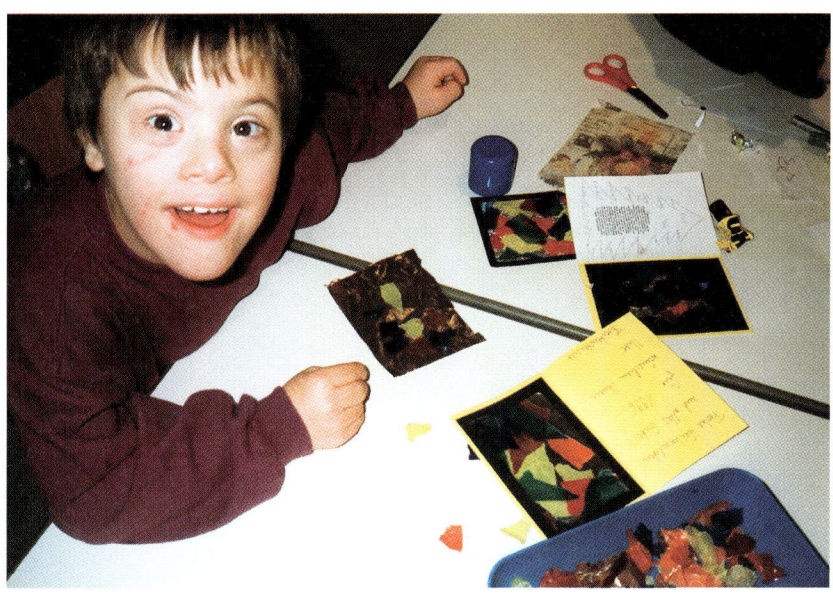

Zum Schluß wird noch einmal alles übersprüht, um es dann in Ruhe trocknen zu lassen.

Danach kann die beklebte Folie in Postkartengröße angezeichnet und in der Länge und Breite jeweils 1 cm schmaler ausgeschnitten werden.

Wir verwendeten für Weihnachtskarten gelbes Tonpapier als Umschlag und eine schwarze Innenseite, auf die wir die gestaltete, etwas kleinere Folie klebten.

Eine andere Möglichkeit war, Ausstecherförmchen als Zeichenschablonen auf die Folie zu legen, diese (z.B. Sterne) auszuschneiden und auf das schwarze Tonpapier zu kleben. So sind natürlich andere Formen für jeden Anlaß möglich.

Diese effektvolle, sehr persönliche Karte ist zudem preiswert und einfach herzustellen.

B. Goldene Blätter mit Verrottungseffekt

Materialien: Gepreßte Blätter, einen harten Schwamm, eine Drahtbürste, Tonpapier (schwarz, weiß) Klebstoff, Schere, Goldsprühlack.

Mit viel Glück und einem guten Auge findet man manchmal auf Waldspaziergängen Blätter, die schon so stark verwittert sind, daß lediglich die reich verzweigten Adern übrig blieben.

Getrocknet und gepreßt können diese Blattreste gefärbt und auf ein schwarzes Tonpapier geklebt werden.

Wenn Ihnen die Suche nach geeigneten Blättern, so wie mir, zu aufwendig ist, können Sie diesen Verrottungseffekt auch künstlich erzielen.

Ein gepreßtes Blatt (gut haben sich Eichen- und Pappelblätter bewährt) wird auf einen harten Schwamm gelegt. Nun wird mit einer Drahtbürste vorsichtig in kurzen Abständen so lange auf das Blatt geklopft, bis es völlig durchlöchert ist. Ich empfehle Ihnen, die Technik vorher ein paarmal auszuprobieren. Übersprühen Sie das Blatt jetzt mit Goldsprühlack und lassen Sie das Ganze einige Minuten trocknen. Das goldene Blatt wird auf der Rückseite vorsichtig gebügelt, mit Klebstoff betupft (evtl. mit dem Finger darüber streichen) und auf ein schwarzes Tonpapier geklebt, das längs und quer 1 cm kleiner ausgeschnitten wurde als unser weißes Grundpapier.

Diese edel wirkende Karte eignet sich gut als Grußkarte, Lesezeichen, Tischkarte usw.

C. Ein Ostergruß als Zweigschmuck

Materialien: Weißes und hellgrünes Tonpapier, Schere, Wasserfarben, Wattestäbchen, weißer Faden, Locher, Klebstoff, Bleistift, getrocknetes Moos, Tesafilm.

Diese Osterkarte besteht aus zwei Teilen: Einem Ei als Baumschmuck und einer Karte.

A. Der Schmuckanhänger.

Aus weißem Tonpapier oder Karton wird ein Ei in Originalgröße aufgezeichnet und ausgeschnitten. Für die Kinder verwendete ich das erste Ei als Schablone.

Wasserfarben werden so angerührt, daß etwas Farbwasser in den Schälchen stehen bleibt. Wir legen nun zu jeder Farbe ein Wattestäbchen, mit dem die Kinder ihr Papierei betupfen können. Dabei kann durch die Stärke des Aufdruckes die Größe der Punkte gut beeinflußt werden. Natürlich ist auch die Gestaltung von Linien kein Problem. Auch ineinander fließende Farben sind effektvoll. Nach kurzer Trockenzeit auf der Heizung wird die Rückseite gestaltet. Jetzt kann das Ei oben gelocht und mit einem weißen Faden versehen werden.

B. Die Karte.

Aus grünem Tonpapier wird eine Umschlagkarte ausgeschnitten. Auf der 2. Seite wird die Eischablone umfahren und ca. 2 mm kleiner ausgeschnitten. Auf die 3. Seite geben wir nun etwas Klebstoff etwa am unteren Rand des Eiausschnittes, um darauf ein wenig Moos in Nestform zu setzen. Eine andere Variante wäre, das Moos direkt auf das Ei zu kleben. Nun kann der Faden unseres Eies über dem Finger aufgerollt und so in der Karte plaziert werden, daß das Ei direkt unter der ausgeschnittenen Form des Deckels erscheint. Mit einem Tesastreifen wird lediglich der Faden fixiert. Unten wird das Ei etwas ins Moos gesteckt.

So entstanden in unserer Klasse Ostergrüße, die gleichzeitig ein kleines Geschenk beinhalteten und relativ einfach herzustellen waren.

D. Tetrapackdruck

Materialien: Milchtüten, Postkarten, Kugelschreiber, 2 Linoldruckwalzen, Plaka-, Linol- oder Temperafarben, Schere, Zeitungspapier

Auf einer Ausstellung sah ich von Kindern gestaltete Karten als Ergebnis einer Projektwoche.
Wir versuchten, unsere Weihnachtsgeschenke mit einer Karte auf dieselbe Weise zu verschönern.
Möglicherweise kann diese Technik noch verbessert werden.

Aus einer Tetrapack-Milchtüte wird ein postkartengroßes Stück herausgeschnitten.

Nun wird die Karte, mit der unbedruckten Seite nach oben, auf Zeitungspapier gelegt. Mit einem Kugelschreiber, dessen Mine möglichst leer sein sollte, kann jetzt ein Motiv in das Wachspappestück geritzt werden. Das Bild sollte nicht zu filigran gestaltet und gut eingedrückt werden.
Denken Sie auch daran, eventuelle Texte in Spiegelschrift zu schreiben.
Nun wird der Druckstock mit Farben (evtl. gemischt) eingewalzt, eine Postkarte darauf gelegt, mit einer weiteren Zeitung abgedeckt und kurz darüber gewalzt.
Wir verwendeten für den Farbauftrag und den Druck zwei verschiedene Walzen.
Wenn Sie die Karte dann von der Tetradruckplatte abziehen, sehen Sie am Ergebnis, ob der nächste Druck mehr oder weniger Farbe benötigt.
Die Milchtüte kann auch sehr gut abgewaschen und nachgedrückt werden.

Eine Litfaßsäule für drinnen

Daß Kinderbilder auch eine zeitlang ausgestellt werden, ist wahrscheinlich für jeden Lehrer eine Selbstverständlichkeit. Dabei müssen es wirklich nicht immer nur die schönsten sein.

Da unser Klassenzimmer auf der einen Seite mit Fenstern und auf der anderen Seite mit Einbauschränken versehen ist, baute ich (einmal ohne Schüler) eine Litfaßsäule zur Raumdekoration und zum Ausstellen unserer Bilder, nach dem Vorbild von Ernst Litfaß (1816-1974), der als Buchdrucker diese Säulen erstmals 1855 in Berlin aufgestellt hat.

Das größte Problem war das Beschaffen einer Röhre, die leicht, stabil, ca. 1,80 Mtr. lang, ca. 50 cm dick und natürlich sehr preiswert ist. Dabei dachte ich an Kunststoffabwasserrohre oder Heizungsblechrohre, da eine weitere Nutzung durch unsere 7 Schüler als Tunnel, Rutsche oder Reitröhre auch eine tolle Sache gewesen wäre.

Nach einigen vergeblichen Anfragen, die allesamt finanziell scheiterten, bekam ich von einer Faßfabrik zwei Papptonnen ohne Deckel und Boden umsonst. Diese sind allgemein 50 cm dick und 85 cm lang.

Ich verband die beiden Fässer einfach mit sechs 50 cm langen gehobelten Dachlatten (= 1 Stab im Baumarkt für 2,- DM). Die Latte wurden je zur Hälfte in beide Fässer von außen mit Unterlagscheiben festgeschraubt (siehe Zeichnung).

Auf diese Röhre klebte ich mit Teppichkleber einen preisgünstigen Teppichrest und schnitt die Überstände mit einem Tapeziermesser ab.

Die Bilder werden darauf mit Stecknadeln befestigt.

Ein Holzdeckel mit 54 cm Durchmesser und 4 Abfallhölzer als Innenhalterung (siehe Zeichnung) kann als Dach und/oder Boden dienen.

Wir fertigten in der Klasse noch ein Spitzdach aus rotem Plakatkarton.

Fertig war eine Litfaßsäule, die natürlich auch für andere Zwecke (z.B. für Schülerinfos, im Flur aufgestellt) gebaut werden kann. Eine gute feinmotorische Übung ist es, die Säule von den Schülern in Miniatur nachbauen zu lassen.

Bei uns wird die Säule auch manchmal zur Höhle.

Um unsere Ausstellungssäule schnell einweihen zu können, rubbelten wir Prägetapeten aus Musterbüchern mit Wachsmalstiften auf weißes DIN A 4-Papier durch.

Dabei kombinierten wir auch mehrere Muster zu künstlerischen Kompositionen.

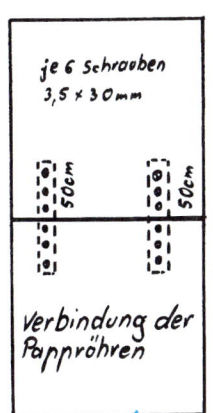

je 6 Schrauben
3,5 × 30 mm

50 cm

50 cm

Verbindung der
Pappröhren

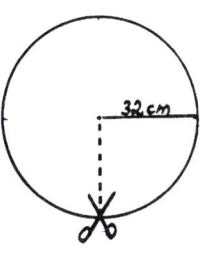

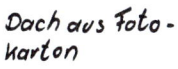

32 cm

Dach aus Foto-
karton

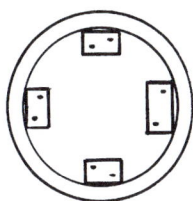

Boden und/oder Deckel
Ø 54 cm

Lissajous-Bilder

Material: Einen Stab (Besen o.ä.) ca. 2 Mtr. lang, weiße Wandfarbe, evtl. Abtön- oder Fingerfarben, Trichter, leere Shampoonflasche, Tonpapier schwarz DIN A 3, 2 Stühle, Reißnägel, 2 kleine und eine dicke Schrauben.

Der französische Physiker J.A. Lissajous entdeckte die physikalische Grundlage, nachdem ein Gegenstand an einer bestimmten Aufhängung die Eigenschaft hat, nach zwei senkrecht zueinander stehenden Richtungen zu schwingen.
Hängt man z.B. einen Trichter mit Sand gefüllt so auf, zeichnen sich auf dem Boden die sogenannten „Lissajousschen Figuren" ab, wenn der Trichter an Punkt A etwas nach vorne und an Punkt B nach rechts gezogen und gleichzeitig losgelassen wird.

Dauerhafter sind die Zeichnungen, wenn wir das Experiment mit Farbe nachvollziehen.

Sehr gut eignet sich eine leere Schampoonflasche aus Kunststoff mit einer Verschlußkappe zum Abschrauben und einem Clipverschluß für die Düse.
Zwei kleine Schrauben werden auf beiden Seiten der Flasche nahe dem Boden eingedreht, um eine Schnur zu befestigen. Eine weitere etwas dickere Schraube in der Mitte des Bodens sorgt später für die Luftzufuhr, wenn die Farbe ausläuft.
Der Behälter wird, wie in der Zeichnung, an einer Schnur ca. 10 cm über dem Boden befestigt. An Punkt A habe ich am Schnurende eine kleine Drahtöse befestigt, um die Flasche leicht aushängen zu können.

Mein Problem war, die richtige Farbe zu finden. Entweder war sie zu flüssig oder zu fest. Ich verwendete dann weiße Fassadenfarbe für innen, die wir je nach Bedarf etwas mit Wasser und Fingerfarben mischten.
Die Kinder füllten die Farbe mit einem Schöpflöffel und einem kleinen Trichter in die Shampoonflasche mit abgeschraubtem Deckel. Dann wurde die Flasche verschlossen und an der kleinen Drahtöse in eine durchhängende Schnur gehängt, welche mit zwei Reißnägeln an einem Stab befestigt war.
Die Luftschraube wurde nun geöffnet, ebenso der Clipverschluß. Jetzt konnten die Kinder die Flasche über zwei zusammengeklebten Bögen schwarzem Papier kreisen lassen. Die Farbe sollte dabei mit einem

feinen Strahl auslaufen. Danach kam der nächste Schüler mit einer anderen Farbe an die Reihe.

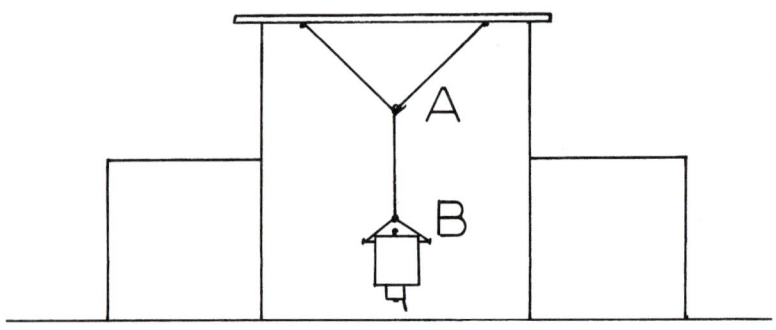

Kritzelbilder als Graphomotorische Übung

Materialien: Papier, Wasserfarben, Filz- und Wachsmalstifte, Reststücke von Marmorplatten, evtl. Hammer, Schutzbrille und eine Schachtel.

Um meine Zweitkläßler langsam auf die Kulturtechnik „Schreiben" vorzubereiten, baute ich ein Jahr lang immer wieder graphomotorische Übungen mit in den Unterricht ein. Da die Handbewegungen meiner Schüler noch wenig gesteuert waren, begann ich Vorlagen zu verwenden, die von einfachen Kritzelbewegungen über das Üben von Strichen und Punkten zu Zielbögen und Kreisen hin zu den gebundenen, kleinräumigen Bewegungen und den zweidimensionalen abstrakten Bildern. Mir war wichtig, das Ganze in einer spielerischen, kindgemäßen Form zu präsentieren, um bei den Kindern die Freude am Arbeiten zu wekken und zu erhalten.

Jeder Schüler wurde zunächst einzeln mit Handschuhen, einer Schutzbrille und einem Hammer ausgerüstet. Eine Abfallsteinplatte aus Marmor aus einem Steinmetzbetrieb wurde in eine Schachtel gelegt. Der geschützte Schüler durfte nun mit seinem Hammer die Platte in kleine Stücke schlagen. Dieser Vorgang macht Kindern in der Regel sehr viel Spaß. Jedes Kind durfte seine Steine auf ein DIN A 3-Papier legen.

Die Schüler bekamen nun folgende Aufgaben:

- Die Steine auf dem Blatt mit einem Farbstift „umwandern".
- Die Steine, schlangenförmig aufs Papier gelegt, umfahren. Einen Schlangenkopf anzeichnen.
- Zwei Steine, aufs Papier gelegt, werden mit einer geraden Linie verbunden.
- Die Steine wahlfrei aufs Papier legen und einzeln umkreisen.
- Die Steine mit Abstand in eine Reihe legen und im Slalom umfahren.
- Größere Steine möglichst exakt in ihrer Bruchform umfahren.
- Die Steine am Papierrand verteilen und alle Steine miteinander verbinden.
- Aus möglichst vielen Steinen einen Turm bauen.

Zuletzt wollten wir die Steine in ein Gipsbett drücken. Wir entschieden uns aber dann doch für die Gestaltung einer Höhle mit Hilfe von Heißkleber auf einer größeren Grundplatte.

Punkt für Punkt im Schnellverfahren

Materialien: Schälchen, Fingerfarben, Papier, Igelbälle, Pinsel.

Paul Signac, George Seurat u.a. malten Bilder, die aus unzähligen Farbpunkten zusammengesetzt sind. Diese Maltechnik ist bekannt unter dem Namen „Pointillismus" (von franz. point, Punkt).
Dabei wird die Farbe nicht flächig, sondern in Punkten und Strichen aufgebracht. Es werden ausschließlich Grundfarben verwendet.
Wir griffen diese Technik im Unterricht einmal auf, wobei wir eine wesentlich schnellere Methode in eher abstrakter Weise anwendeten, um Farbpunkte aufs Papier zu bekommen.

In Farbschälchen werden die Grundfarben aus Fingerfarben mit etwas Wasser angerührt und ca. 5 mm hoch eingefüllt.
In jede Farbschale wird ein Igelball gelegt.
Zuerst wurde nun der Ball ein paarmal im Schälchen und dann, so oft der Schüler wollte, über das Malpapier gerollt.
Dieser Vorgang wurde mit allen Farben wiederholt.
So entstanden sehr schnell eine Art pointillistischer Bilder aus unzähligen Farbpunkten in einer Technik, die selbst Kindergartenkinder anwenden können.

Auf den Spuren von Richard Paul Lohse

Materialien: Außer Papier benötigen Sie lediglich farbige Klebestreifen, die Sie preiswert im 5er-Pack in Baumärkten oder Tankstellen bekommen.

Dieser Schweizer Vertreter des Konstruktivismus (1902-1988) schuf zunächst Bilder mit stark expressiven Formen. Bald kam Lohse aber zunehmend zu regelmäßigen, geometrischen Darstellungen.
Ab 1942 entstanden großflächige Horizontal- und Vertikalstrukturen in mathematischen Kombinationen von Form und Farbe.
Die anonyme Perfektion dieser Konstruktionen zeigt keine individuelle Künstlerhandschrift mehr (aus „Meisterwerke der Kunst, Malerei von A-Z", Isis Verlag Chur/Schweiz).

Das Bild „Rhythmische Progression" diente uns als Vorlage, um mit farbigen Klebestreifen ähnliche Bilder zu kreieren.

Dabei übten die Kinder ihre Feinmotorik, indem sie die einzelnen Streifen abziehen, abschneiden und möglichst blasenfrei aufs Papier kleben durften.
Die Kombination der Farben und die Anordnung der Muster lag völlig in der Entscheidungsfreiheit der Schüler.

Bilder, die sich bewegen lassen

Materialien: Farben nach eigener Wahl, eine Papierbahn ca. 100 x 50 cm, Scheren, Locher, Lochverstärker, Musterklammern mit Rundkopf, evtl. selbst gestaltete Ausschneidebögen, Klebstoff, Schwamm.

Ein Bild zu gestalten, das sich nicht nur starr, sondern veränderbar dem Betrachter anbietet, war die Grundidee dieses Projektes.

Mir war bei der Themenauswahl wichtig, keine abstrakten, sondern konkrete Figuren auszuwählen, die sich auch in der Realität bewegen.

So entschied ich mich für eine Unterwasser-Meereslandschaft. In der Regel fasziniert die Kinder das fremdartige Leben im Meer sehr. Die Vielfältigkeit der Meereslebewesen ist so groß, daß unter unendlich vielen Motiven ausgewählt werden kann.

Da meine behinderten Zweitklässler noch nicht in der Lage waren, konkrete Figuren dieser Art zu zeichnen, fertigte ich Vorlagen zum Ausmalen und Ausschneiden.

Die Kinder wählten ein Bild aus und malten es in eigener Farbgestaltung an. Wir Lehrer halfen beim Ausschneiden.

Gestaltungsvorschläge

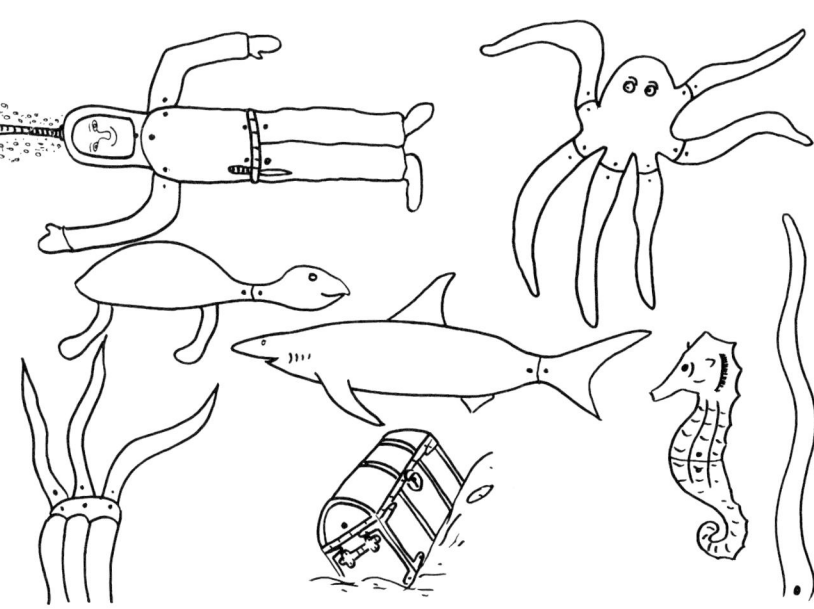

Zur besseren Haltbarkeit könnte nun das Bild auf Pappe aufgeklebt und nochmals ausgeschnitten werden. Wir verzichteten darauf. Die beweglichen Teile wurde abgeschnitten, beidseitig gelocht und hinten mit Lochverstärker beklebt. Nun wurden die beiden zusammengehörenden Löcher übereinander gelegt und mit einer Musterklammer verbunden.

Da die hinten auseinander gebogenen beiden Bleche der Musterklammer oft hervorschauen, kürzten wir diese einfach mit einer Schere um die Hälfte.

Während eine Gruppe fleißig Unterwassermotive (siehe auf 50 % verkleinerte Kopiervorlage) fertigten, malte eine zweite Gruppe mit Schwämmen und Flüssigfarbe einen Meereshintergrund auf ein großes Blatt.

Die Figuren wurden nach Fertigstellung mit Klebstoff an einer unbeweglichen Stelle auf den Hintergrund geklebt.

So entstand in mehreren Stunden ein besonderes Bild, das sich, im Foyer der Schule aufgehängt, ständig durch die Betrachter verändern ließ.

Lockern sich mit der Zeit die Klammern, drückt man lediglich etwas auf ihren Kopf.

Arbeitsschritte:

- kopieren
- vergrößern
- anmalen
- Lochen
- mit Klammern verbinden
- ins Bild kleben

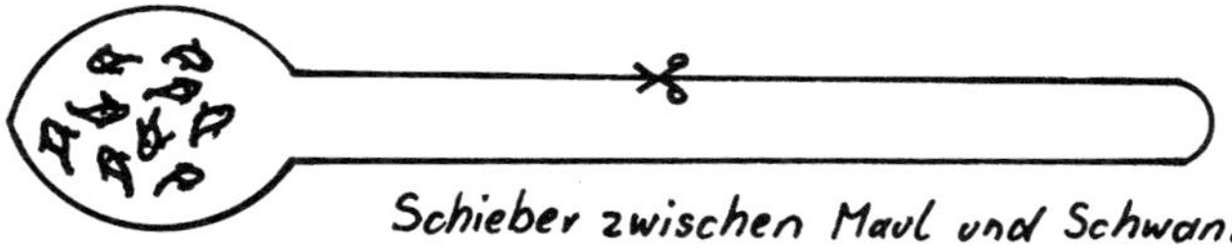

Blauer Zwergmaulbrüter

Den Fisch nur am oberen und unteren Rand ankleben

Schieber zwischen Maul und Schwanz

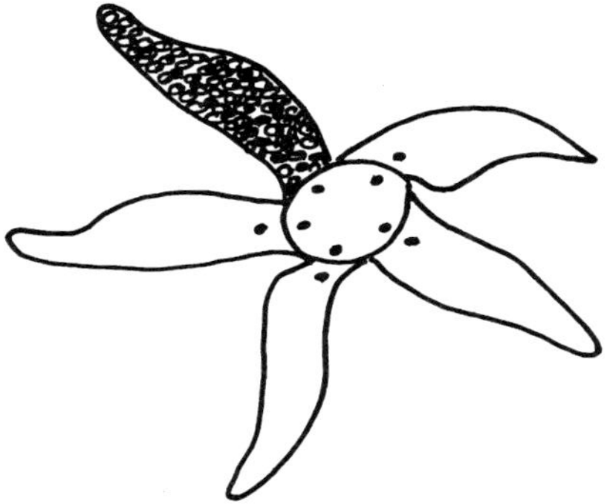

Seeigel
gelb/braun

Seestern
grau

Die zerbrochene Fensterscheibe

Materialien: Farbstifte, Kopiervorlage.

In der im folgenden beschriebenen Zeichentechnik handelt es sich um ein Arbeitsblatt für den Schreib- und Leseunterricht.
Es sollte mithelfen, die Fähigkeiten verschiedener feinmotorischer Fertigkeiten zu fördern.
Im einzelnen waren dies:
1. Einübung der Fertigkeit, den eigenen Vornamen zu schreiben.
2. Förderung im Ausmalen innerhalb Konturen.
3. Zeichnen von Geraden als graphomotorische Übung.

So entstand nach einigen Überlegungen folgende einfache Geschichte:
Handpuppe „Lilo" erscheint und erzählt, daß „Lo", der Affe, heute nicht kommen will, weil er traurig ist.
Er schämt sich nämlich, weil er etwas kaputt gemacht hat. Näheres weiß Lilo auch nicht.
Die Kinder werden ermuntert, Lo zu rufen. Der kommt dann auch ziemlich niedergeschlagen.
Lo wird vom Lehrer gebeten, seine Geschichte zu erzählen.
Lo erzählt – der Lehrer zeichnet an der Tafel mit.
Lo besuchte Oma mit einem dicken Blumenstrauß. Die Oma hat sich sehr gefreut und stellte die Blumen in einer Vase ans Fenster. Lo durfte, nachdem er ein großes Stück Kuchen gegessen hatte, im Garten Fußball spielen.
Er schoß immer gegen die Hauswand. Plötzlich traf der Ball genau in die Fensterscheibe, wo sein Blumenstrauß stand. Die Scheibe ging kaputt, aber der Strauß blieb Gott sei Dank stehen.
Die Oma erschrak sehr, war aber nur ein wenig ärgerlich. Trotzdem tat es Lo sehr leid.

Die Kinder dürfen das zerbrochene Fenster mit einem Arbeitsblatt nachmalen und zeichnen.

Die Kopiervorlage wird dafür auf DIN A 3 vergrößert.
Zuerst wird der Blumenstrauß bunt angemalt.
Dann wird auf das Schild der eigene Vorname geschrieben.
Jetzt wird das ganze Blatt kreuz und quer scharf gefaltet, wieder aufgeschlagen und glattgestrichen.
Mit einem schwarzen Stift werden die Falzlinien nachgefahren.
Vorsicht: Nicht über den Fensterrahmen zeichnen.

Sicher gibt es für diese Technik die verschiedensten Motive. So könnte z.B. aus einem leeren Blatt ein etwas abstraktes Spinnennetz, mit einer dicken Kreuzspinne in der Mitte, entstehen.

Verpackungskünstler

Materialien: Luftpolsterfolie, Papier, dickflüssige Farben, Pinsel, Linoldruckwalzen, wasserfester Faserstift, Scheren.

Folien mit Lufteinschlüssen eignen sich hervorragend für den Versand von zerbrechlichen Gegenständen. Bei dieser Luftpolsterfolie handelt es sich um eine sogenannte PE (Polyäthylen)-Folie. Dieser thermoplastische Kunststoff läßt sich auch bei höheren Temperaturen ohne chemische Veränderung erweichen oder verformen. Sein Vorteil ist also die ideale Recyclingfähigkeit.

Diese Folie ist bei den Kindern schon lange als Knallspiel beliebt, indem sie die Blasen zusammendrücken, bis sie platzen.
Wir verwendeten dieses kostenlose Material, um es in unserem Kunstunterricht einzusetzen.
So trugen wir z.B. mit einem Pinsel die verschiedenen Farben großflächig auf ein Papier auf. Dabei wurde mit Farbe nicht gespart. In das nasse, fast schlickerartige Bild drückten wir dann vorher zugeschnittene Folienstücke. Wir ließen das Ganze über Nacht trocknen.
Probieren Sie doch auch einmal, zerknüllte und wieder auseinandergefaltete Alufolie in der Farbe trocknen zu lassen. Wahrscheinlich entsteht ein Marmoreffekt. Am nächsten Tag wird das Verpackungsmaterial vom Bild gezogen und das Ergebnis betrachtet und evtl. interpretiert.

Eine andere Variante war, die Luftpolsterfolie selbst als Druckstock zu verwenden. Dazu wurde auf der glatten Seite der Folie mit einem wasserfesten Faserstift ein Motiv (DIN A 4-Größe) aufgemalt und ausgeschnitten.

Jetzt wurde die Noppenseite des Motivs mit Linoldruckfarbe eingewalzt. Der Foliendruckstempel wurde dann auf ein Papier gelegt und nochmals mit einer zweiten, sauberen Walze auf der glatten Seite angedrückt. Das Ergebnis sehen Sie im Bild. Viele einzelne Punkte ergeben ein Motiv. Die Kinder haben auch noch die Möglichkeit, die Folie abzuwaschen und immer wieder neu mit einer anderen Farbe einzuwalzen, das Motiv also mehrfarbig zu drucken.

Mit dieser Technik kann auch sehr schön der Aufbau eines Zeitungsbildes demonstriert werden.

Gespenster in der Nacht

Materialien: Schwarzes Tonpapier, Pinsel, Schlämmkreide (aus der Apotheke), Haarspray.

Sicher kennen Sie auch den berühmten Diktatanfang aus dem Film „Das fliegende Klassenzimmer":
Libyen liefert an Liechtenstein Papplatten und Schlämmkreide, numeriert und in Stanniol verpackt."
Vielleicht haben Sie sich auch schon einmal gefragt, was Schlämmkreide eigentlich ist. Nun, bei der Schlämmkreide handelt es sich um feinsten kohlensauren Kalk (also Kreide), welcher durch Schlämmen gewonnen wird.
Verwendung findet oder fand Schlämmkreide als Malerfarbe, Poliermittel, Glaserkitt und Zahnputzmittel.

Die Schüler stellten ihre Farbe selbst her, indem sie Schlämmkreide und Wasser zu einem dickflüssigen Brei mischten.
Auf schwarzes Tonpapier wurden dann mit einem Pinsel Gespenster, Sterne, Mond, eine Ruine, Bäume usw. aufgemalt.
Nach dem Trocknen erscheinen die Zeichnung schneeweiß.

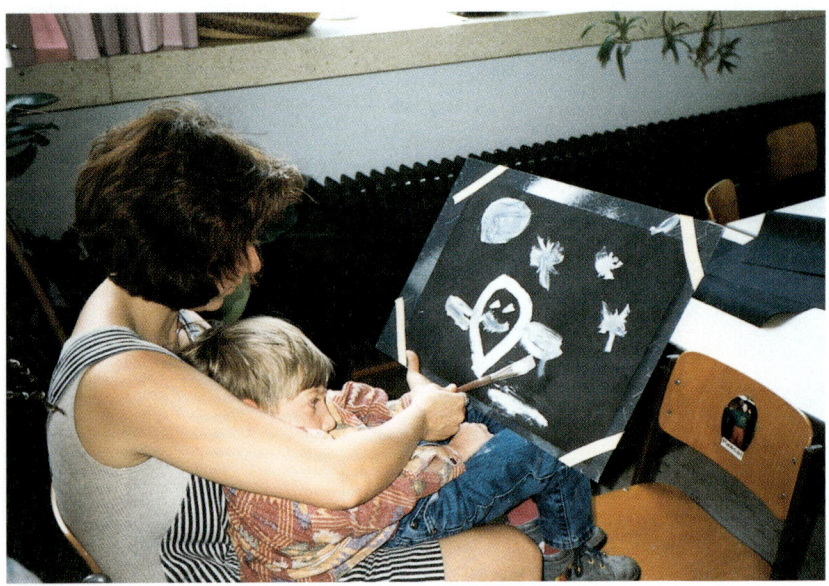

Um das Bild noch in einen unheimlichen Nebel zu tauchen, wurde mit der Hand leicht über das Gezeichnete gewischt. Mit Haarspray kann die gespenstische Szene zuletzt besprüht werden, um die Kreide wischfest zu machen.

Urlaub, Strand und See aus Wasserfarbe und Tee

Materialien: Blaue Wasserfarbe, Pinsel, Papier, schwarzer Tee in Beuteln, Heißkleber, Strandgut, Styrodurabfälle (es geht auch Styropor), Meterstab, Tesakrepp.

Vier Wochen vor den großen Ferien gestalteten wir ein Bild, das uns und andere in Urlaubsstimmung versetzen sollte.

In der 1. Stunde färbten die Schüler ihr Blatt mit eingeweichten Schwarzteebeuteln ein. Dabei war es ihnen freigestellt, mit den im warmem Wasser eingeweichten Teebeuteln ihr Papier zu betupfen oder zu bestreichen. Bei dieser Technik kann es vorkommen, daß ein Beutel platzt. Dies ist nicht weiter tragisch. Auch der Tee kann noch auf dem Papier verrieben werden. Nach dem Trocknen des Blattes wird der Tee einfach abgeschüttelt. Wenn der Teebeutel zusätzlich in eine Kaffeefiltertüte gesteckt und oben zugedreht wird, kann er kaum noch aufbrechen.

Die 2. Stunde begann damit, daß wir alle unsere Bilder in Längsformat auf gleicher Höhe (ca. 15 cm von oben) mit einem Blatt abdeckten und dieses mit Tesakrepp befestigten. Nun konnten die Kinder den oberen, freien Teil des Blattes mit blauer Wasserfarbe bemalen. Da die Bilder

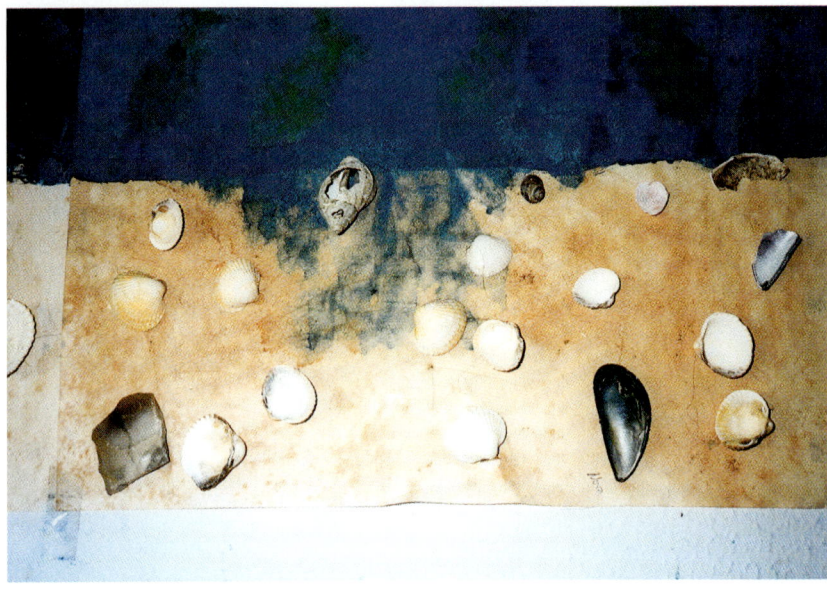

später zu einem langen Sandstrand zusammengesetzt werden sollten, hatten wir durch diese Maßnahme gleiche Anschlüsse geschaffen. Aus Styrodurabfällen von einer Baustelle (eine Hartschaumplatte mit einer rautierten Oberfläche) hatte ich mit einem Messer ausgeschnittene Fische vorbereitet. So konnten die Schüler nun ihre Fischstempel mit einer beliebigen Farbe bemalen und in die noch nasse Wasserfarbe drücken. Durch das Verschwimmen der Farben entstand ein Unterwassereffekt der Fische.

In der 3. Stunde betrachteten wir ausgiebig Strandgut vom letzten Nordseeurlaub und klebten dann hauptsächlich Muscheln mit Heißkleber in freier Komposition auf den Strandteil.
Zuletzt befestigten wir die Bilder in einer Reihe an der Wand.
Anmerkung: Experimentieren Sie ruhig auch mit anderen Teesorten und anderen Motiven. So ergibt z.B. Hagebuttentee ein schönes Rot, Kamillen- und Matetee Ocker und Pfefferminztee braun.

Farbwanderungen

Materialien: Wasserlösliche Filzstifte, Filterpapier, Wasser, Teller, Klebstoff, Tonpapier.

Das Schuljahr näherte sich seinem Ende, und der Abschied unserer Unterrichtshelferin Lisa war unvermeidlich. Zur Erinnerung an die Klasse gestalteten wir als Gemeinschaftsbild zwei große bunte Blüten, deren Blütenblätter wir mit kleinen Geschenken füllten.
Das ging so:
Jeder Schüler bekam eine weiße Kaffeefiltertüte. Diese wurde mit ca. pfenniggroßen bunten Punkten bemalt. Bei den Stiften handelte es sich um wasserlösliche Faserstifte.
Von optischem Vorteil erwies es sich, wenn die Farben von unten nach oben dunkler angelegt wurden (Sachanalyse durchführen).
Jetzt wurde etwas Wasser in einen flachen Teller gegeben und der untere (verschlossene) Teil der Filtertüte so an den Tellerrand gelegt, daß das Papier gerade noch das Wasser berührte.
Durch die Haarröhrchenkraft wird das Wasser langsam durch die ganze Tüte gezogen. Dabei wird die Farbe aufgelöst und in einem Streifen mitgenommen. Die Kinder können diesen Effekt sehr gut beobachten.
Wir trockneten das Bild auf einer Zeitung und bügelten es anschließend glatt.
Je 4 Tüten wurden, als Blüte angeordnet, auf ein Tonpapier geklebt.
In die Tüten steckten wir kleine Geschenke und verschlossen sie innen mit doppelseitigem Klebeband.
Zum Schluß bekam jedes Blütenblatt mit einem Goldstift den Namen des „Künstlers".

Eine bunte Blumenwiese

Materialien: Papier, kleine Schwämme oder grobe Borstenpinsel, grüne Farben, Schälchen, bunt gemischte Markierungspunkte.

Im Anschluß an einen Lerngang durch herbstliche Wiesen bekamen die Schüler, im Rahmen der ästhetischen Erziehung, Gelegenheit, das Gesehene künstlerisch umzusetzen. Die Aufgabe war, mit den gegebenen Materialien eine bunte Blumenwiese zu gestalten.

Als erstes bekamen die Schüler die Anregung, ein Blatt Papier in verschiedenen Grüntönen anzumalen. Dazu können Wasserfarben mit Pinsel oder Schwämmchen aufgetragen genauso verwendet werden wie Wachsmalstifte oder Fingerfarben. So entstand zunächst eine blütenlose Herbstwiese nach dem letzten Schnitt.

Mit verschieden farbigen Markierungspunkten durften die Kinder ihre relativ eintönige Graslandschaft verschönern. Die Farbauswahl und die Anordnung der Punkte lag in der Kreativität der Schüler. So entstanden bunte Blumenwiesen. Diese Technik war auch eine gute feinmotorische Übung, da das Ablösen und Aufkleben der Punkte gar nicht so einfach war.

De Punkte wurden teilweise gleichmäßig verteilt, überlappend angeordnet, in Reihen und Gruppen geklebt oder kreisförmig in Blütenform angeordnet.

Denkbar sind auch andere Aufgabenstellungen, wie z.B. ein See mit grünen Schwimmblättern und gelben und weißen Wasserpflanzen oder ein Blumenstrauß mit Stiel und Blättern oder Punkte, die mit Farbstiften erweitert werden, sowie vorgezeichnete Motive, die farbig ausgeklebt werden müssen.

Eine Sammlung Ackerfindlinge

Materialien: Holzleisten, graue Farbe, Pinsel, Heißkleber, Rauhfasertapete, Sperrholzplatte 5 mm, Holzleim, kleine Nägel, Ackerscherben.

Alt oder Jung, Mann oder Frau, die Begeisterung für das Sammeln von Gegenständen steckt in jedem von uns, mehr oder weniger ausgeprägt. Das Sammeln scheint uns noch aus uralter Zeit im Blut zu liegen. Kinder sammeln besonders gerne Gegenstände. Für uns Erwachsene oft unverständlich, da ohne eigentlichen Wert, werden die Schätze begeistert in Hosentaschen, Schachteln und Kisten gesammelt.
Auch mich befällt zuweilen die Sammelleidenschaft. Wenn ich mit den Kindern und dem Hund über die Wiesen und Äcker spaziere, fällt uns immer wieder einmal ein kleiner Ackerscherben ins Auge, den ich dann aufhebe, reinige und betrachte. Gedanken gehen mir dann durch den Kopf. Wie alt wird dieser Scherben wohl sein? Er ist ja ein Teil eines Ganzen, wie könnte der Gegenstand ausgesehen haben? Wie kam er hier her, und wie ging er kaputt? Für mich umgibt jeder Scherben etwas Geheimnisvolles. Oft sind es einfarbige Tonstücke. Manchmal findet man auch Stücke, die glasiert, mit kleinen Zeichnungen und Rundungen versehen sind. Dies sind dann schon besondere Stücke. Beson-

ders erfolgreich bei der „Schatzsuche" ist man im Herbst, wenn die Äcker abgeerntet und noch nicht wieder bebaut sind.

Wir legten schon im September mit den Kindern eine Schatzschachtel an. Auf unseren Lerngängen sammelten wir dann alle Gegenstände, die uns wichtig waren. Dabei fanden wir aber nicht nur Tonscherben, sondern auch ab und zu einen schönen Stein oder einen alten Knopf, einen Glasscherben und sogar eine alte Gedenkmünze.

Parallel dazu begannen wir, uns aus den Kantleisten einen Rahmen in der Größe DIN A 4 abzulängen, zusammenzuleimen und -zunageln und mit grauer Farbe anzumalen.

Als Boden sägten wir eine Sperrholzplatte aus und beklebten sie mit einer Rauhfasertapete. Dieser Grund wurde dann auf die Rückseite des Rahmens geleimt und genagelt. Nun legten die Kinder ihre Ackerschätze auf das Bild und sortierten sie so lange hin und her, bis sie mit der Anordnung der Collage zufrieden waren. So konnten dann die Scherben mit Heißkleber befestigt werden.

Schön verpackt hatten die Schüler dann ein preiswertes, individuelles und besonders originelles Weihnachtsgeschenk für ihre Eltern.

Eines Nachts im Rabenwald ...

Materialien: Gelbe Wachsmal-, Filz- oder Holzstifte (ausprobieren), Fotokopierpapier DIN A 3, Moos, Blätter, Tannenzweige, Wurmfarn, Schneckenhäuser, Kastanien (alles Waldmaterial aus unserem letzten Lerngang).

Aus den vielen Möglichkeiten, das Thema „Wald" gestalterisch umzusetzen, wählten wir diesmal eine Vorlage mit Naturmaterialien.
Die Kinder bekamen zunächst ein weißes Fotokopierpapier DIN A 3. Die erste Aufgabe bestand darin, Mond und Sterne mit Farbstiften aufs Papier zu malen. Denken Sie bitte bei der Verwendung von Wachsmalstiften daran, daß diese im Kopierer etwas verlaufen. Meine Schüler bekamen eine Konturenhilfe, die ich mit einer Schablone schnell auf jedes Blatt zeichnen konnte. Mit einer Schülerin, die weit über die Konturen hinausmalte, schnitt ich den Mond aus und klebte ihn auf ein neues Blatt. Auch ein dicker gelber Wollfaden, in Form eines Mondes aufgeklebt, kann dem Kind eine spürbare Grenze beim Ausmalen vermitteln.

Mit unserer Zeichnung und dem gesammelten Naturmaterial begaben wir uns ins Lehrerzimmer zum Kopiergerät.

Spätestens jetzt müßten Sie an Ihrem Kopierer ausprobieren, wie Sie das Blatt einlegen müssen, um später den Mond rechts (zunehmender Halbmond) oder links (abnehmender Halbmond) oben zu plazieren. In der Regel wird das Blatt umgedreht mit dem Mond unten eingelegt.

Die Kinder durften nun einzeln in freier Gestaltung ein Waldmotiv auf die Glasscheibe des Kopierers auflegen. Dabei war unser Schwerpunktmaterial der Wurmfarn, der, die unteren Blätter abgezupft, einen schönen Baum darstellt. Als Boden legten wir Moos, kleine Blätter, kleine Fichtenzweige. War der Schüler mit seiner Collage zufrieden, wurde der Deckel geschlossen und auf sein Bild kopiert.

Werden erhöhte Materialien (wie Hölzchen, Schneckenhäuser oder Kastanien) verwendet, muß über den Deckel noch ein lichtundurchlässiges Tuch gelegt werden, da sonst schwarze Stellen im Bild auftreten können.

Denken Sie auch an Putzmittel, um Boden und Platte reinigen zu können.

Zurück im Klassenzimmer übermalten wir das Ganze noch mit dünner grauer Wasserfarbe.

Wir malen mit Kapas

Materialien: Tempera-Schulfarben, Frisbeescheiben, Pinsel, Papier DIN A 3, Rollringe (Dichtungsvollgummiringe) in verschiedenen Größen für Steinzeug- und PVC-Rohre, Malkittel, Zeitungspapier, evtl. noch flüssige Seife.

Da der Begriff „Kapa" kaum einem(r) Leser/in geläufig sein wird, bedarf es an dieser Stelle einer kurzen Erklärung. Einer meiner Schüler, den ich vor Jahren unterrichtete, hatte eine besondere Vorliebe für alle runden Gegenstände, die sich auf einer ebenen Unterlage um die eigene Achse drehen lassen. Trotz seines Handikaps konnte er sich dem Spiel mit einer erstaunlichen Geschicklichkeit und Ausdauer widmen. Er selbst bezeichnete sein Spielzeug als „Kapa". Mit der Zeit übernahmen alle Lehrer und Schüler, die ihn kannten, den Begriff „Kapa" für alle Dinge, die sich zum Drehspiel eigneten.

Wir wollten einmal versuchen, diese Drehbewegung sichtbar zu machen. Als Kreisel verwendeten wir Rollringe (Baumarkt) in verschiedenen Größen.

Ich demonstrierte den Kindern den Abdichtungseffekt von Rollringen anhand zweier PVC-Rohre und einem 90-Grad-Bogen. Wir schütteten Wasser in den Bogen. Ohne Ringe rann das Rohr, mit den Ringen lief das Wasser durch, ins Waschbecken.
Danach spielten die Kinder mit den Rollringen am Boden und am Tisch. Die Vollgummiringe wurden geworfen, gerollt, zusammengedrückt und auch gedreht. Ich motivierte die Schüler, die Technik des Drehens zu verbessern, indem wir die Dauer der Drehbewegung untereinander verglichen.
Vor der Stunde hatte ich schon einige Tempera-Farben mit Wasser verdünnt in Frisbeescheiben angerührt. Nach einiger Zeit zogen wir Malkittel an, deckten den Tisch ab und legten ein großes Papier vor uns hin. Nun durften die Schüler ihre Ringe in die Farbe legen oder mit einem Pinsel bestreichen und auf ihrem Papier drehen. Um eine Mischung der Farben zu verhindern, wuschen wir die Ringe jedesmal vor dem Farbwechsel unter dem Wasserhahn ab. Auf dem Papier entstanden Kreise und Spiralen in verschiedenen Größen.
Zum Abschluß der Stunde oder beim nächsten Geburtstagsfest können Sie mit den Kindern noch wunderschöne, riesige Seifenblasen herstellen, wenn Sie in einer Frisbeescheibe etwas Seifenwasser anrühren, die Ringe kurz hineinlegen und dann durch die Luft ziehen oder hinein-

blasen. Das ist nicht ganz einfach. Dafür wird die Freude um so größer sein, wenn die erste Riesenblase durch die Luft schwebt.

Zauberbilder

Materialien: Wasserfarben, Stövchen, weiße Wachskerzenreste, Blechdose, Pinsel, Papier.

Bei den sogenannten „Zauberbildern", die im Handel als Block erhältlich sind, handelt es sich um Papier, das nahezu unsichtbar mit einer Substanz bedruckt wurde. Wird so ein Blatt mit Buntstiften übermalt, kommt eine Figur zum Vorschein, da die Substanz die Farbe nicht annimmt.

Diese einfache Technik des Übermalens kann auch von vielen Kindern mit besonderem Förderbedarf ausgeführt werden. Gefördert wird dabei vor allem die Konzentrationsfähigkeit, die Auge-Handkoordination und das Erkennen und Benennen von Zeichnungen. Ich griff dieses Thema im Unterricht auf, da das Auftauchen eines Motivs durch Übermalen eine große Motivation auf die Kinder ausübt. Da mir für meine Schüler die käuflichen Motive zu klein und zu schwer erkennbar waren, suchte ich sehr lange nach einer einfachen Möglichkeit, selbst Bilder dieser Art vorzubereiten.

Nach zahlreichen Fehlschlägen brachte mir endlich folgende Technik ein zufriedenstellendes Ergebnis. Das Motiv wurde mit weißem Kerzen-

wachs, das ich in einer Blechdose über einem Stövchen schmolz, mit einem 12er Pinsel aufgetragen. Das heiße Wachs dringt sofort tief ins Papier ein, bröselt nicht und gibt eine glatte, fast unsichtbare Oberfläche.

Natürlich gibt es noch andere Substanzen, die sich für derartige Techniken eignen. So kann z.B. ein Motiv, das mit UHU-Klebstoff gemalt wurde, mit Wachsmal- oder mit Wasserfarben übermalt werden. Auch Auto- und Bodenwachs eignet sich relativ gut, fettet aber immer etwas. Über Anregungen, die evtl. noch besser sind, wäre ich sehr dankbar.

Die Kinder übermalten ihre Blätter je nach Leistungsfähigkeit mit verschieden dicken Pinseln, z.B. Malerpinsel ca. 6 cm breit.

Nach dem Trocknen legten wir jedes Bild zwischen Zeitungen und bügelten darüber. Diese Technik eignet sich ganz besonders gut für Fensterbilder.

Mit einem anderen Schülerkreis könnte ich mir die eigene Motivwahl und dessen Gestaltung, z.B. als Vorübung für das Batiken, sehr gut vorstellen.

Indischer Kunstdruck

Ursprünglich waren Floh- oder Trödelmärkte dafür gedacht, Altwaren wieder an den Mann bzw. Frau zu bringen. Eigentlich eine sehr sinnvolle Einrichtung, da genügend Dinge billig zu erwerben sind, die man im Handel nicht mehr findet. Natürlich wird auch Müll vermieden.
Mit Besorgnis muß ich aber zunehmend feststellen, daß Stände mit reinen Flohmarktartikeln weniger werden. Immer mehr werden diese Stände von Händlern verdrängt, die billige neue Massenware anbieten.

Im Prinzip handelt es sich bei diesem Ramsch lediglich um Sondermüll-vermarktung. Schade, denn gerade auf solchen Märkten finde ich immer wieder Materialien, um meinen Schülern Möglichkeiten zu eröffnen, Farbe in originellen Mustern zu Papier zu bringen.

So fand ich dieser Tage zwei alte indische Stoffstempel aus Holz.
Solche Stempel sind relativ groß (16 x 13 cm), schwer (570 gr.) und klobig. Aus diesem Grund sind sie von den Schülern gut wahrzunehmen.

Zunächst legten wir viel Zeitungspapier unter unsere Blätter, da solche handgefertigten Stempel nie ganz eben sind. Dann gaben wir Tempera-Farbe auf eine Plexiglasplatte und walzten den Stempel mit einer Linoldruckwalze ein. Beidhändig konnte der betreffende Schüler nun den Stempel auf das Papier drücken.
Vor allem Kinder mit motorischen Defiziten haben viel Freude daran, alleine oder mit Handführung kleine, filigrane Muster selbständig aufs Papier zu bringen und diese nach eigener Farbwahl und Anordnung zu gestalten.

Schrottrubbeln

Materialien: Papier, Klebestreifen, Wachsmalstifte, flache Schrotteile.

Das Durchrubbeln von flachen Gegenständen ist zwar nichts Neues, wird aber trotzdem von Kindern gleich welchen Alters immer wieder gerne praktiziert. Durch einfaches Übermalen erscheint auf dem Blatt die Oberflächenstruktur des unterlegten Gegenstandes. So können z.B. Geldstücke, Blätter, Rinde, selbstentworfene Figuren aus Pappe ausgeschnitten, Prägetapeten, engmaschiger Hasendraht usw. Verwendung finden.

Auf dem Schrottplatz suchte ich nach flachen Metallteilen, die sich gut für diese Technik zu eignen schienen. So fand ich verschieden große Elektromotoren, die aus Hunderten von rosettenartigen Metallkreisen bestanden. Die nach innen gerichteten Zapfen dienten der Wickelung.

Wir legten verschieden große Kreise unter ein Papier, fixierten sie mit Klebestreifen und rubbelten mit Wachsmalstiften darüber. Vor jedem Farbwechsel verschoben wir die Motorplatten.

Die Kinder bezeichneten die Muster als Blumen, Räder, Maschinen und Sonnen.

Experimente mit VWS-Dübel

Verlangen Sie im Baustoffhandel für jeden Ihrer Schüler(innen) einen Vollwärmeschutzdübel. Dieser Dübel (siehe Foto) wird dazu verwendet, um Isoliermaterial an Außenwänden zu befestigen. Im Sprachgebrauch wird er deshalb auch „Isolierplattendübel" genannt.

Zum Preis von ca. 30 Pfennig können Sie preiswert einen Gegenstand zur Verfügung stellen, der Ihren Schülern wahrscheinlich unbekannt ist und der zum Experimentieren und Kennenlernen im Fach „Bildender Kunst" anregen soll.

Stellen Sie bitte genügend Materialien und Farben bereit, um die Kreativität anzuregen. Die einzelnen Ideen werden an der Tafel veröffentlicht. So können die Schüler(innen) die verschiedensten Möglichkeiten nachvollziehen, vervollkommnen und evtl. weiterentwickeln.

Da der Dübel ca. 1 cm dick und 11 cm lang ist, liegt er gut in der Hand. Um nicht durch die Platten zu rutschen, hat der Dübel eine Scheibe mit 5,5 cm Durchmesser, die wiederum 4 Löcher beinhaltet. Wahrscheinlich müssen Sie im Handel energisch darauf bestehen, daß Sie die zu den Dübeln gehörenden Schrauben nicht benötigen.

Für Kinder, deren Phantasie noch relativ wenig ausgeprägt ist, können Sie folgende Vorschläge anbieten:

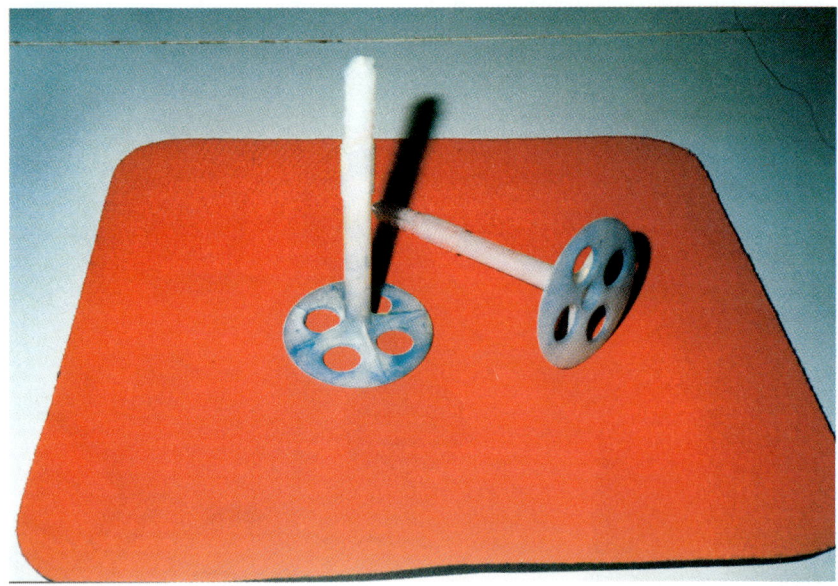

I. Der Dübel wird in dünnflüssige Farbe getaucht (z.B. Fingerfarben) und als Stempel eingesetzt. Durch die Lochung der Scheibe ergeben sich sehr schöne Muster.

II. In die 4 Löcher der Dübelscheibe passen exakt „Dicki-Faserstifte". Es können also, mit etwas Übung, 4 Farben gleichzeitig übers Papier geführt werden.

III. Es wird lediglich der Scheibenrand eingefärbt. Der Dübel wird dann aufs Papier gelegt und um die eigene Achse gedreht.

IV. Etwas mehr als die Hälfte des Dübelstiels wird abgezwickt. In das Schraubenloch kommt etwas Heißkleber und sofort eine ausgediente „Dicki"-Fasermine, die ca. 1 cm herausstehen sollte. Fertig ist ein wunderbarer Malkreisel, den die Kinder immer wieder in Farbe tauchen können.

Flußlandschaften

Materialien: Tempera-Farben, Papier DIN A3, feine Haarpinsel, Hasentränken, feste Unterlage in der Größe des Malpapiers.

Diese Technik ist vor allem für Kleingruppen bis 5 Kinder empfehlens-
wert. Außerdem sollten Sie 1-2 Hasentränken haben oder sich leihen.
Ein Kauf dieser Tränken für ca. 2 Unterrichtsstunden lohnt sich meiner
Meinung nach nicht.

Eine Gruppe von 4 Kindern saß um einen Tisch. Wir hatten zwei Tränken zur Verfügung. Zu Beginn der Stunde ging es mir nur darum, das
Material zu erkunden. Der Gegenstand wurde gezeigt und betastet.
Zunächst war den Kindern unklar, um was es sich bei diesem Plastik-
behälter mit Deckel und Ablauf eigentlich handelt und welchem Verwendungszweck er dienen sollte. Nach einigen Spekulationen sagte Sa-
scha „Hasen". Offensichtlich erinnerte er sich an den Schulhasenstall
mit ähnlichen Tränken.

Danach übten sich die Schüler im Auf- und Zuschrauben des Deckels
und im Einfüllen von Wasser.

Den Kindern wurde nun demonstriert, wie eine Hasentränke funktioniert. Ein einfaches Ventil hält das Wasser mittels der Schwerkraft in Form eines Verschlußteiles (Metallkugel oder Stift) fest, indem es auf die Öffnung drückt. Wird das Verschlußteil nach oben eingedrückt, läuft Wasser heraus. Die Kinder durften reihum mit dem Finger diesen Vorgang über einer Schüssel ausprobieren.

In der ersten Stunde gestalteten wir farbige Flußläufe, indem wir die zu einem Viertel gefüllten Hasentränken mit Tempera-Malfarben mischten und kräftig schüttelten. Die Kinder führten nun die Hasentränken mit verschiedenen Farben so über das Papier, daß sich ein gleichmäßiger Wasserlauf bildete (gar nicht einfach). Hielten die Kinder an, bildete sich sogleich ein See. An den Kreuzpunkten vermischten sich die Farben.

Den Kindern bereitete diese Technik offensichtlich großes Vergnügen.
Mit der Unterlage wurde das Bild zum Trocknen gebracht.

Eine zweite, etwas schwierigere Technik bestand darin, lediglich Wasser über das Papier zu führen und dann mit einem feinen Haarpinsel (Gr. 4) Wasserfarben punktuell einfließen zu lassen. Die Farben verteilen sich sehr schön beobachtbar in den „Flüssen".

Natürlich können die Schüler bei der Motivwahl ihrer Phantasie freien Lauf lassen. So können statt Flußlandschaften auch Spinnennetze, Labyrinthe, Feuerräder, Regenbogen oder abstrakte Malereien entstehen.

Zuckersüße Masken

Materialien: Kopiervorlage einer Maske auf verstärktem Papier, Locher, Wolle, Scheren, Buntzucker.

Diese bunte Maske ist problemlos in einer Unterrichtsstunde herzustellen.

Der erste Arbeitsschritt beinhaltet das Ausschneiden der Maske. Auch Augen, Nase und Mund können mit einer möglichst spitzen Schere individuell ausgeschnitten werden. Nun werden die vorgesehenen Stellen für den Wollfaden gelocht und evtl. verstärkt.

Die noch farblose Maske wird jetzt unter den laufenden Wasserhahn gehalten, auf den Tisch gelegt und etwas glattgestrichen.

Danach dürfen die Kinder mit Daumen und Zeigefinger Buntzucker, der farblich sortiert in Untertassen angeboten wird, in eigener Kreation auf die noch nasse Maske streuen. Dabei ist es halb so schlimm, wenn ein Paar Körnchen im Mund verschwinden.

Durch das Wasser löst sich der Farbstoff am Zucker auf und überträgt sich auf das Papier. Außerdem kleben die Zuckerteilchen nach dem Trocknen fest. Die Masken werden erst am nächsten Morgen trocken sein. Nun werden nur noch die Wollfäden befestigt, und die Faschingsparty kann steigen.

Als Masken können eigentlich alle bunten Motive, wie z.B. Clown, Hahn oder Indianer, gewählt werden.

PS:

Wird ein Blatt Papier, Transparent- oder Seidenpapier gewässert und mit Buntzucker bestreut, kann nach dem Trocknen ein schönes Tischlicht gebastelt werden. Das Papier wird nur noch um einen Marmeladendeckel geklebt und mit einem Teelicht bestückt.

Homunculus-Gestalten

Ein Homunculus (lat. Menschlein) ist ein künstlich hergestellter Mensch, dessen disproportionierte Körperteile so sind, wie sie in den motorischen und sensorischen Zentren im Gehirn repräsentiert werden (siehe auch in Goethes Faust II).
Dabei steht die wirkliche Größe eines Körperteils in keinem Verhältnis zur Größe der entsprechenden Gehirnregion.

Innerhalb unseres Rahmenthemas „Mein Körper" gestalteten wir, sehr frei, kleine Homunculi mit den verschiedensten Materialien.
Wir blieben in dieser Stunde auch nach der Vorbesprechung im Stuhlkreis sitzen. Für jeden von uns klebte ein Papierbogen DIN A3 in Arbeitshöhe an der Tafel.
Ausgehend von dem Prinzip „Vormachen – Nachmachen" gestalteten wir unsere Bilder einzeln in festgelegter Reihenfolge. Dabei gingen wir Schritt für Schritt gemeinsam vor. Die Kinder einigten sich selbst darauf, welcher Körperteil gerade gestaltet werden sollte.

Im einzelnen sah dies folgendermaßen aus:

1. Hände = Die eigenen Hände mit dem Pinsel und mit Fingerfarben anmalen und aufs Papier, möglichst am Rand, andrücken.

127

2. Mund = Den eigenen Mund mit Lippenstift anmalen und das Papier etwas oberhalb der Mitte küssen.

3. Nase = Schuhcreme mit rundem Schwammaufsatz auf das Papier drücken. Dabei die Tube etwas drehen.

4. Augen = Aus allgemein bekannter Jugendzeitschrift Augen von Stars ausschneiden lassen und aufkleben.

5. Körper/Beine = Holzstück mit Türabdichtungsstreifen bekleben – mit Farbe einpinseln – aufs Papier drücken.

6. Füße = Die Schnittstelle eines Astes einfärben und aufs Papier drücken.

7. Kopf/Arme = Einfach mit schwarzem Filzstift einzeichnen.

8. Haare = Eine Distel in Farbwasser tauchen und mit diesem Naturpinsel Haare anmalen.

Prinzip Zufall

Materialien: Papier, Sprühkleber oder Klebestifte, alte Kataloge, Papierschneidemaschine, Scheren, Materialschälchen.

Der besondere Reiz von Zufallstechniken liegt wohl darin begründet,
daß die Komposition des Bildes in ihrer Farbe und Gestaltung selbst
dem Künstler bis zur Fertigstellung seines Werkes verborgen bleibt.
So hält die Spannung und die Motivation auch bei weiteren Bildgestal-
tungen derselben Technik lange an.
Wir wählten unter dem o.g. Thema eine denkbar einfache Technik, die
dennoch von jedem Schüler individuell umgesetzt werden konnte.
Dazu schnitten sich die Kinder mit der Papierschneidemaschine ca. 2
cm breite Streifen aus alten Katalogen, Zeitungen und Illustrierten ab.
Diese Streifen wurden dann mit Scheren in Quadrate geteilt und in
Materialschälchen gesammelt.
Der zweite Arbeitsschritt bestand darin, das Zeichenpapier mit Kleber
einzusprühen. Dies wurde auf einem mit Papier abgedeckten Tisch auf
dem Pausenhof vorgenommen.
Jetzt konnten die einzelnen Papierplättchen in eigener Kreation auf das
Papier geklebt werden. Um einen zusätzlichen Effekt einzubringen,
mischten die Kinder noch einzelne Alufolienstücke dazwischen.

*Weitere Möglichkeiten zum Thema „Zufallstechniken mit Hilfe von Sprüh-
kleber" wären:*

- Verschieden farbige Tonpapierplättchen mit Hilfe eines Farbwürfels
  in Reihen aufkleben.

- Konfetti wird selbst gelocht und auf klebefähiges Papier gestreut.

- Bunte Wollfäden in kleine Stücke schneiden und auf klebefähiges
  Papier legen oder streuen.

 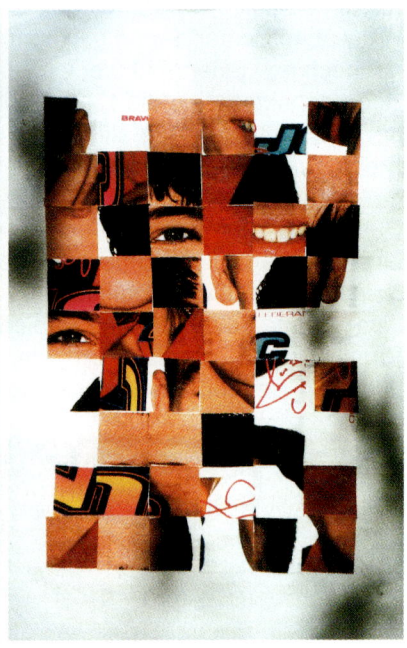

„Der Knüller"

Materialien: Marmeladegläser, Materialschälchen, Zeitungspapier, Fingerfarben o.ä., Zeichenpapier.

Auf der Suche nach einfachen, aber effektvollen Möglichkeiten der Bildgestaltung entdeckte ich auf einer Bilderausstellung eine Technik, die von Grundschülern praktiziert wurde.
Tempera- oder Fingerfarben wurden mit Wasser verdünnt und in Gläsern aufbewahrt. In Materialschälchen wurde dann je nach Bedarf etwas Farbe aus unserem Gläservorrat eingegossen.
Die Kinder durften das Doppelblatt einer Zeitung je nach Kraft fest oder locker zu einem Ball zusammenknüllen.
Die Papierbälle wurden dann mit der ganzen Hand gegriffen, in ein Farbschälchen getaucht und aufs Papier gedruckt.
Durch die unregelmäßige Struktur des Zeitungsballes ergaben sich interessante Muster, die sich farblich noch schön vermischten.

Rubbel-Kopien

Materialien: Jede Menge Tageszeitungen, Löffel, weiße Ölkreide, Scheren, Materialschälchen, evtl. Papierkleber.

Möglicherweise kann diese Technik erst von Kindern des 2., besser 3. Schuljahres durchgeführt werden, da die Kinder für ein befriedigendes Ergebnis relativ hohe Druckkräfte entwickeln müssen.

Die Schüler bekommen zunächst genügend Tageszeitungen zur Verfügung, um sich daraus Bilder auszuschneiden. Am besten eignen sich Zeichnungen aus dem Anzeigenteil, die im Comicstil mit gutem Schwarz-Weißkontrast gedruckt wurden.

Bilder aus Illustrierten sind für diese Technik nicht geeignet.

Nachdem sich die Kinder eine Sammlung Bilder in ihren Materialschälchen zusammengestellt haben, kann es auch schon losgehen.

Auf einem Zeichenpapier wird eine Fläche, die etwas größer ist als das zu kopierende Bild, mit weißer Ölwachskreide (zur Not gehen auch Wachsmalstifte) dick eingerieben. Das Papier muß auf dieser Fläche völlig bedeckt sein.

Nun wird das Bild mit der Motivseite nach unten auf die Wachsfläche gelegt. Jetzt kann mit einem Kaffeelöffel (erst vorsichtig, dann mit aller Kraft) über die Zeitungsrückseite gerubbelt werden. Zieht man nun den Zeitungsausschnitt an einer Ecke vorsichtig ab, wird sich (mit etwas Glück) die Zeichnung mehr oder weniger gut, spiegelverkehrt, auf das Blatt übertragen haben.

Wir schnitten die Motive aus und stellten sie zu einer Collage zusammen.

Eine andere Möglichkeit, die ich guten Gewissens nur mit älteren Schülern und im Freien empfehlen kann, ist das Abrubbeln mit einem benzin- oder verdünnergetränkten Lappen. Hierzu können größere Motive und auch farbige Fotos aus Illustrierten verwendet werden. Bei einer Sachanalyse werden Sie feststellen, daß diese Bilder sehr künstlerisch übertragen werden können.

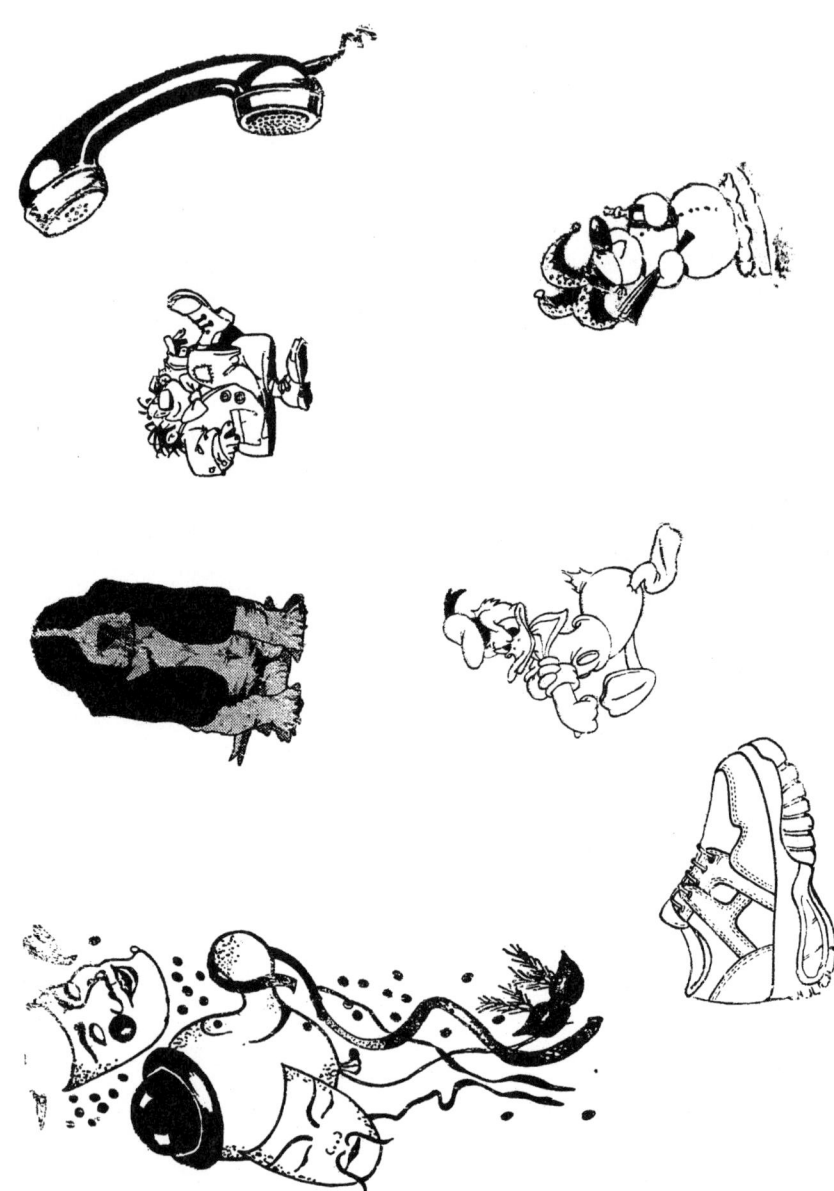

Brandgefährliche Kunstobjekte

Geeignet sind grundsätzlich alle Materialien, mit denen Feuer oder Hitze erzeugt werden kann und die mit der Lebenswirklichkeit Ihrer Schüler in Verbindung gebracht werden können.

Auszug aus dem Bildungsplan der Schule für Geistigbehinderte Baden Württemberg:

3. Lernbereich: Umwelterfahrung und Sozialverhalten/Natur.
Besondere Beachtung muß die Gefährlichkeit mancher Substanzen, Gegenstände und Vorgänge finden. Geeignete Sicherheitsmaßnahmen sind einzuüben und verständlich zu machen ...

Der sogenannte „Bayerische Bildungsplan" empfiehlt zu diesem Thema:
11. Naturgesetze kennen und sich danach richten unter der Rubrik „Gefahren des Feuers und der Wärme", Lagerfeuer zu machen, mit dem Grill umzugehen, Kerzen an- bzw. auszumachen und allgemein mit Feuer zum Kochen und zum Wärmen richtig umzugehen.

Diese Idee entstand während eines Besuches einer Ausstellung mit dem Thema „Brandgeschichten", auf welcher Feuerwehrmaterialien, alte Dokumente, verkohlte Balken und andere Utensilien aus früherer Zeit zu besichtigen waren. Angeschlossen an diese Ausstellung hatte sich eine Künstlervereinigung, die Bilder zum Thema ausstellte.
Diese Bilder waren geprägt von Rußspuren und Brandlöchern.
Die Idee war, mit unseren Schülern ein ähnliches Bild herzustellen und dabei die Gefahren von Feuer und Hitze aufzugreifen. Das Ganze fand auf der betonierten Fläche unseres Pausenhofes statt.
Die Schüler durften dabei reihum mit den verschiedensten Werkzeugen Löcher in ein großes Blatt Papier brennen oder schmoren. Evtl. Entflammung des Papiers konnte relativ leicht ausgeblasen werden. Ein Eimer Wasser, der in der Nähe stand, wurde nicht benötigt.
Die feuer- und hitzeerzeugenden Gegenstände wurden gezeigt, der Verwendungszweck erarbeitet, entzündet und gelöscht.
Wir begannen unser Lochmuster mit einer Kerze, die unter das Papier gehalten wurde. Als zweites erhitzten wir einen Lötkolben, um weitere Löcher ins Papier zu schmoren. Beim dritten Werkzeug handelte es sich um einen Heißluftfön, mit welchem sehr schöne Löcher und Rußspuren aufs Papier gebracht werden können.
Zu guter Letzt brannten wir noch einige Löcher mit einer Lupe in unser Papier, da an diesem Tag so warmes Wetter war, daß wir auch die Sonne als Wärmequelle erleben konnten.

Das Papier konnte danach umgedreht auf den Boden gelegt werden. Die Schüler rissen nun Tonpapierstückchen in roten und gelben Farben, um sie von hinten auf die Löcher zu kleben.

Das Ergebnis unserer Arbeit ist auf dem Foto zu sehen.

Allerdings sind in diesem Bereich noch vielfältige Möglichkeiten und Hitzequellen (Bügeleisen, Wunderkerze, große und kleine Streichhölzer, Feuerzeuge u.v.m.) auszuprobieren.

So können z.B. unter das Papier Gegenstände gelegt werden, die sich bei Hitzeeinwirkung (Heißluftfön) sehr schön abzeichnen. Eine andere Möglichkeit wäre es, einen konkreten Gegenstand zu malen, der dann durch Rußspuren ergänzt wird, z.B. Lokomotive, Vulkan, Kamin usw.

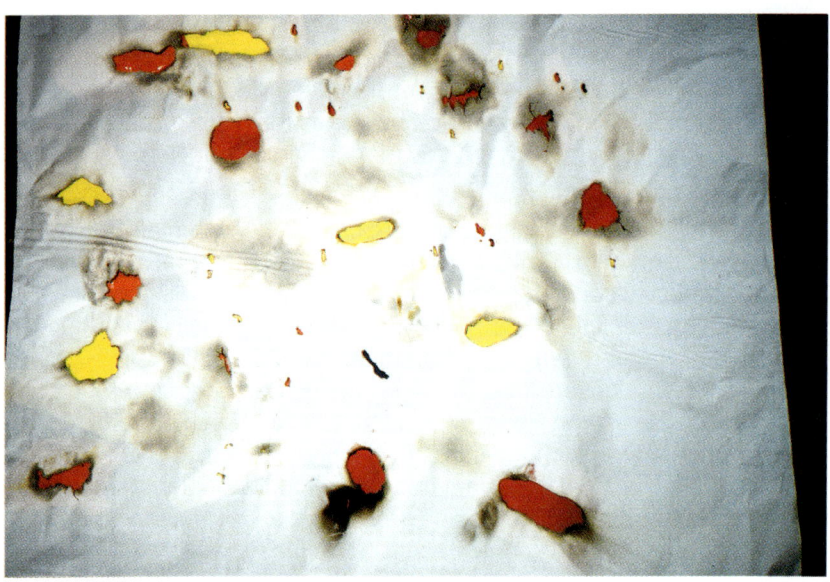

Lichtgestalten

Der folgende Bericht beinhaltet schwerpunktmäßig eine Bauanleitung. Die Gestaltungsmöglichkeiten sind so vielfältig, daß sie nur ansatzweise beschrieben werden können.

Aufgegriffen wurde diese Idee auf einer Wanderausstellung zum Thema „Suchtprophylaxe". Die Kinder und Jugendlichen wurden inhaltlich spielerisch motiviert, ihre Sinnesorgane einzusetzen und zu erfahren.

Unter anderem waren die Schüler restlos von einem Gartenhäuschen begeistert, dessen Inneres vollkommen abgedunkelt war. Auf einer der Innenwände konnte mit Hilfe einer Taschenlampe gemalt werden. Der Lichtkegel der Lampe hinterließ auf dieser nachleuchtenden Wand die verschiedensten Spuren bis zu 5 Minuten.

Aber auch der umgekehrte Effekt konnte als Schattenspiel eingesetzt werden. Zu diesem Zweck stellten sich die Kinder in den verschiedensten Posen vor die Wand. Mittels eines Schalters wurde nun ein Stroboskopblitzgerät ausgelöst. Als sich danach die Kinder von der Wand entfernten, konnten sie ihre eigenen Schattenbilder betrachten. Auch die Sichtbarmachung von Luftsprüngen ist so möglich.

Natürlich lag es auf der Hand, daß so eine Wand auch Möglichkeiten für unsere Schüler bot, um aktiv zu werden.

Die Euphorie, unseren Dunkelraum mit solch einer Wand auszurüsten, wich alsbald der Ernüchterung, daß der finanzielle Aufwand für dieses Projekt nicht unerheblich ist (mind. 2000,- DM 1997). Es galt also eine preiswertere Variante zu finden, um die Möglichkeiten für unsere Schüler über einen längeren Zeitraum hinweg auszuprobieren. So kam ich nach einigen Erkundigungen auf eine relativ preiswerte Phosphorfarbe, die im Handel (z.B. Stiers Effekts München) zu erhalten ist und die keinerlei gesundheitsschädliches Phosphor (gr.-nlat.; eigtl. „lichttragend") enthält.

Zwei Preßspanplatten (Durchmesser 1 cm) ergaben zusammen eine Fläche von 2 x 2 m. Die Farbe wurde folgendermaßen aufgebaut:
A. 2 Anstriche mit Wohnraumweiß
B. 2 Anstriche mit Phosphorfarbe.

Die Platten wurden einfach an die Wand geschraubt und mit einem Vorhang abgedeckt. Um einen Abrieb von zu dicht geführten Lampen zu verhindern, wurde die Platte noch mit DC-Fix beklebt. Bei der teuren Möglichkeit wird eine Platte lediglich mit einer nachleuchtenden Folie beklebt.

Als Taschenlampe verwenden wir eine teure, handliche Megalight-Taschenlampe, die einen scharfen, sehr hellen Strahl hat.
Die Gemälde leuchten zwischen 3 und 5 Minuten, je nach Dunkelheit des Raumes, nach.

Unsere Schüler zeichnen Gegenständliches und Abstraktes genauso wie Buchstaben, Wörter und Zahlen. Gegenstände werden an der Wand beleuchtet und als Schatten erraten. Der Lehrer selbst findet immer wieder Möglichkeiten, um seine Inhalte und Ziele mit Hilfe der Leuchtwand zu vertiefen.

„Ein Loch ist da, wo etwas nicht ist."
Kurt Tucholsky

Materialien: Für jeden Schüler einen Locher, buntes Tonpapier, Malpapier, Klebstoff, Sprühkleber, Materialschalen, Papierschneidemaschine.

Anlaß für dieses Gemeinschaftsbild war der 30. Geburtstag meiner Kollegin. In einer Unterrichtsstunde gestalteten wir ein Willkommensplakat.

Zunächst schnitten wir mit einer Papierschneidemaschine unser buntes Tonpapier in verschieden lange ca. 2 cm breite Streifen, die dann auf der Tischmitte den Schülern zu freien Verfügung gestellt wurden. Die Schüler bekamen die Aufgabe, die Streifen in ihre Locher einzulegen und immer wieder an verschiedenen Stellen zu lochen. Die fertigen Lochstreifen wurden dann mit Klebstoff in freier Anordnung auf ein Plakat geklebt, welches an der Tafel befestigt war. Schon nach kurzer Zeit nahm das Bild in seiner Zufallstechnik Gestalt an. Nach einer halben Stunde beendeten wir diesen Arbeitsteil, um das Konfetti aus den Lochern in einem Schälchen zu sammeln.

Das Plakat wurde von der Tafel entfernt und auf den Pausenhofboden gelegt.

Das gesamte Bild wurde mit Sprühkleber eingenebelt und von den Kindern nacheinander mit unserem Konfetti bestreut. Wir beklopften das Bild noch etwas mit der flachen Hand, um das Konfetti zu fixieren. Nachdem das fertige Plakat noch beschriftet war, hängten wir es als Willkommensgruß über den Geburtstagstisch.

Wir verewigen Seifenblasen

Materialien: Plaka- oder Wasserfarben, Wasser, Spülmittel, Abreißtücher, Röhrle, verschiedene Becher.

Einiges an experimenteller Vorarbeit war nötig, um ein befriedigendes Ergebnis zu erhalten. Nach einiger Zeit fanden wir aber eine Möglichkeit, Seifenblasen auf Papier festzuhalten.

Zuerst gaben wir etwas Plakafarbe in ein Glas und verdünnten sie mit Wasser. Dazu kam ein kräftiger Spritzer Spülmittel. Das Ganze wurde dann gut gerührt. Jetzt durften die Kinder so lange mit einem Röhrle in das Farbwasser blasen, bis sich ein dicker Schaumberg über dem Glas bildete.

Naturgemäß macht den Kindern dieser Vorgang sehr viel Spaß.

Doch jetzt war Konzentration nötig. Der Schaumberg durfte nicht sofort aufs Papier gelegt werden. Wir warteten einige Sekunden ab, damit das Wasser etwas ablaufen konnte. Nun streiften wir den Schaum mit dem Strohhalm auf das Papier.

Wieder warteten wir einige Sekunden, damit die Farbe auf den untersten Blasen zusammenlaufen konnte und diese sich somit schön auf dem Papier abzeichneten.

Jetzt durften die Schüler nicht einfach abwarten, bis die Blasen von selbst platzten, da sonst nur ein großer Farbklecks übrig bliebe. Vielmehr wurde nun ein Abreißtuch vorsichtig auf den Schaum gelegt. Das Tuch saugt die überflüssige Feuchtigkeit der oberen Blasen ab. Auf dem Papier waren dann (mit etwas Glück) die geplatzten Seifenblasen sichtbar. Wir wiederholten diesen Vorgang mit anderen Farben.

Einen ebenso schönen, aber zarteren Effekt erzielen die Kinder, wenn sie das Papier direkt auf den Schaumberg über dem Becher legen.

Bei dieser Technik brauchen die Schüler unbedingt Zeit zum Experimentieren. Deshalb sollten Sie mehr als nur eine Stunde dafür ansetzen.

Das fertige Bild eignet sich auch sehr gut als originelles Umschlagpapier.

Weitere Ideen in Stichworten

- Papier mit blauer Tinte einfärben. Malen mit Tintenkiller.
- Blaues Tonpapier mit Sprühkleber einnebeln. Pusteblumen dagegenblasen.
- Vorgegebene Bilder mit Ohrreiniger und Wasserfarben austupfen (Pointillismus).
- Viele Filzstifte mit Kreppband umwickeln. Mit vielen Farben gleichzeitig malen.
- Mit der Zackenschere abgeschnittene bunte Papierschnipsel aufkleben.
- Mit Hand und Stift unter einem Tuch malen.
- Verschiedene Materialien (z.B. Wollreste, Sand, Konfetti) auf Kleisterpapier fallen lassen.
- Verschiedene Wellpappestücke abreißen und aufkleben.
- Lack- mit Wasserfarben mischen.
- Schnurbilder als Stempel einsetzten.
- Mit dem Computer malen.

Wir bringen Lernen in Bewegung ...